ACTION LIBÉRALE POPULAIRE

Édité par les
Fédérations de la Seine-Inférieure
Acceptant les et les travailleurs

COMPTE RENDU

du

5ᵉ CONGRÈS GÉNÉRAL

TENU A PARIS

Les 3, 4, 5 et 6 Décembre 1908

PARIS
7, RUE LAS-CASES, 7
—
1909

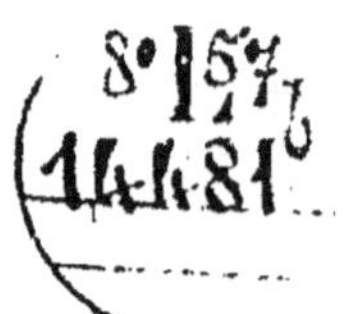

5e CONGRÈS GÉNÉRAL

DE

L'ACTION LIBÉRALE POPULAIRE

ACTION LIBÉRALE POPULAIRE

COMPTE RENDU

DU

5ᵉ CONGRÈS GÉNÉRAL

TENU A PARIS

Les 3, 4, 5 et 6 Décembre 1908

PARIS

7, RUE LAS-CASES, 7

1909

PROGRAMME-HORAIRE

DU

CONGRÈS GÉNÉRAL DE PARIS

des 3, 4, 5 & 6 Décembre 1908.

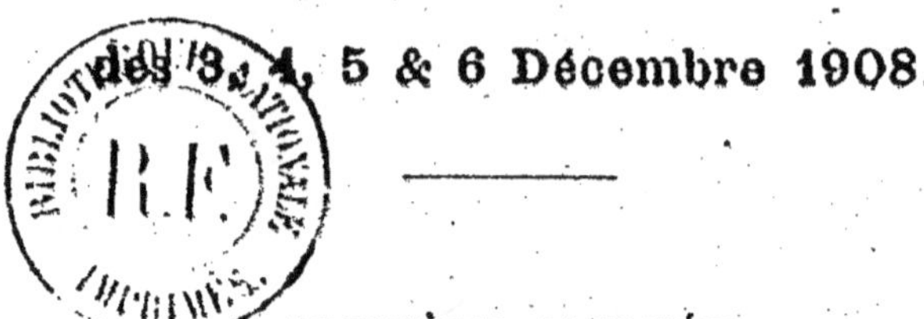

PREMIÈRE JOURNÉE
Jeudi 3 Décembre.

SÉANCE D'OUVERTURE DU CONGRÈS

Le soir, à 8 h. ½, salle des Agriculteurs de France, *rue d'Athènes.*

PRÉSIDENCE DE M. JACQUES PIOU, DÉPUTÉ DE LA LOZÈRE, PRÉSIDENT DE L'*Action Libérale Populaire.*

Discours du Président.

ORATEURS INSCRITS : { **MM. le Colonel Fournier-Poncelet**, Président du Comité régional du Sud-Est.
Villeneau, délégué du Comité directeur.

Fixation de l'ordre du jour.

DEUXIÈME JOURNÉE
Vendredi 4 Décembre.

SÉANCES { le matin, à 9 h. / l'après-midi, à 2 heures { Salle des Agriculteurs de France, *rue d'Athènes.*

SÉANCE DU MATIN

PRÉSIDENCE DE M. PLICHON, DÉPUTÉ DU NORD.

**Rapport sur le projet de constitution libérale.
Vœux prononcés.**

SÉANCE DE L'APRÈS-MIDI

PRÉSIDENCE DE M. JACQUES PIOU, DÉPUTÉ DE LA LOZÈRE, PRÉSIDENT DE L'*Action Libérale Populaire.*

Rapport de M. Laya sur l'organisation de l'A. L. P.

Communications des divers délégués de Comités.

1

TROISIÈME JOURNÉE

Samedi 5 Décembre.

Séances salle des Agriculteurs de France, *rue d'Athènes.*

SÉANCE DU MATIN

Présidence de M. l'amiral de CUVERVILLE, sénateur du Finistère.

Rapport sur les Associations des Pères de Famille.
Vœux exprimés.

SÉANCE DE L'APRÈS-MIDI

Présidence de M. LAMY, député du Morbihan,

Rapport sur la défense du Petit Commerce.
Vœux.
Rapport sur les Assurances mutuelles agricoles.
Vœux.

ASSEMBLÉE GÉNÉRALE

Le soir, à 9 heures, salle des Ingénieurs civils, 19, *rue Blanche.*

Présidence de M. Jacques PIOU, député de la Lozère,
président de l'*Action Libérale Populaire.*

Discours du Président.

ORATEURS INSCRITS : { MM. **Saint-Yves**, délégué régional du Comité directeur.
Bazire, membre du Comité directeur.

Allocution du Président pour clôturer le Congrès de 1908.

QUATRIÈME JOURNÉE

Dimanche 6 Décembre.

BANQUET : Salle du Palais d'Orléans, 108, *avenue du Maine.*

DISCOURS DE M. Jacques PIOU, député de la Lozère,
Président de l'*Action Libérale Populaire.*

DISCOURS DE : { MM. **Bazelet.**
Leblanc, député de la Mayenne.
Bouvatier, rédacteur en chef de la *Croix.*
Gaston Mery.
Terrault, président du Comité régional de Nancy.
Dupont-Rougier, président de la *Jeunesse Libérale.*
Dupont, mécanicien, membre de la Fédération des Syndicats du Nord de la France.

Allocution finale du Président.

Ve CONGRÈS GÉNÉRAL 1908

PREMIÈRE JOURNÉE

Jeudi 3 Décembre 1908.

SÉANCE D'OUVERTURE

TENUE DANS LA SALLE DES AGRICULTEURS DE FRANCE, RUE D'ATHÈNES

DISCOURS DE M. JACQUES PIOU,

Député de la Lozère, Président de l'*Action Libérale Populaire*.

MESSIEURS,

En venant ce soir inaugurer notre cinquième Congrès annuel, j'éprouvais, je vous l'avoue, quelque inquiétude : le Gouvernement, pour le faire échouer, a déployé une ruse si savante que je me demandais s'il l'aurait dépensée en pure perte.

Depuis des années, les Compagnies de chemins de fer accordaient à nos délégués de province la faveur du demi-tarif. Le Ministère Combes n'avait mis aucun obstacle à une concession qui était pour les Compagnies une bonne affaire; le Ministère Rouvier n'en mit pas davantage et, pendant deux ans, le Ministère Clemenceau a suivi les errements de ses devanciers.

Cette année, il a pris, paraît-il, une conscience plus nette de ses devoirs..... (*Rires*) il a entrevu pour la République des dangers qu'il ne soupçonnait pas jusqu'ici : laisser circuler à demi-tarif des voyageurs qui ne viennent pas à Paris pour chanter ses louanges, c'était un abus et presque un scandale. Les francs-maçons, qui sont des « Frères », les unifiés, qui sont des alliés plus ou moins discrets, les révolutionnaires, qui sont l'avant-garde, passe encore; mais des libéraux! Allons donc! il faut qu'ils voyagent à tarif plein, ces impertinents qui ne regardent pas la loi de Séparation comme un chef-d'œuvre, l'expédition du Maroc comme une conception merveilleuse, le sabotage du budget comme le signe d'une excellente gestion financière, et la Cour de Cassation comme l'interprète infaillible de la Loi! (*Applaudissements.*)

Il en pourra coûter quelque argent aux Compagnies, à l'Etat leur garant, aux contribuables, sur qui retombent tous les coups. Mais qu'importe, le devoir avant tout!

Et puis, c'est si agréable de faire une niche à l'opposition! Le Gouvernement est passé maître en pareille matière. Laisser s'organiser un Congrès et, au dernier moment, arrêter les délégués qui se rendent à Paris, n'est-ce pas donner au pays le sentiment qu'on est un Gouvernement fort et qu'il a, pour le conduire, des hommes d'Etat qui sont des hommes d'esprit?

Messieurs, ces malices gouvernementales peuvent nous imposer quelques sacrifices; mais le Gouvernement nous a appris comment on se tire d'affaire quand on est dans l'embarras: on fait comme lui, on contracte une dette de plus, et tout est fini... (*Applaudissements et rires.*) Nous aurions même encore le moyen d'offrir à nos espiègles Ministres quelques cartes de banquet; ils auraient ainsi l'occasion de constater *de risu* le succès de leurs habiles manœuvres et même de porter quelques toasts au vieil esprit français; mais nous ne leur jouerons pas ce mauvais tour, et nous n'offrirons pas un frugal repas à des Jacobins vingtième siècle qui ont coutume de dîner avec les rois... (*Vifs applaudissements.*)

Vous avez d'ailleurs fait à ces tracasseries gouvernementales la seule réponse qu'elles méritaient; vous êtes venus en grand nombre; et si quelques-uns d'entre vous avaient été tentés de se décourager, ils prendraient aujourd'hui le sentiment de leur force.

Nos adversaires se donnent au moins la peine de ranimer notre courage; au surplus nous n'avions pas besoin de ces témoignages officiels pour savoir qu'ils nous redoutaient.

Nous avons pu, au premier jour, considérer comme hasardeuse la pensée de réunir dans un effort commun des citoyens qui avaient, pendant toute leur vie, vécu sous le régime de l'individualisme obligatoire; mais le temps et le succès nous ont bien vite rassurés. Aussi bien l'individualisme n'est-il pas un trait natif du caractère français; il a été imposé à ce pays par un mouvement révolutionnaire, acharné à tout réduire en poussière, et par une législation tour à tour jacobine et césarienne, qui s'était proposée d'asseoir l'omnipotence de l'Etat sur les ruines de toutes les forces collectives.

En réalité, l'Association est une de nos plus vieilles traditions nationales. On la trouve au début de notre civilisation, comme la sentinelle vigilante qui en a guidé les premiers pas. Elle a été, sous le régime féodal, la barrière élevée contre les excès des gens de guerre, et l'instrument de leur émancipation.

La liberté civile a commencé en France par les communes, la liberté commerciale par les corporations; et les communes comme les corporations sont des associations de petites gens, sortant par un effort commun de leur condition, et s'élevant ainsi à l'indépendance d'homme libre, puis à la dignité de citoyen. (*Applaudissements.*)

Aujourd'hui encore, c'est l'Association qui permettra à la France nouvelle de se constituer, après tant d'efforts vains et tant de mécomptes, dans un régime de liberté, de concorde et de fraternité. (*Vifs applaudissements.*) L'association entre dans nos mœurs et nous aurons pour notre part, coopéré à cette œuvre; car les générations qui viennent, averties par notre expérience, sauront maintenant comment elles peuvent travailler avec succès à la solution des problèmes religieux, politiques et sociaux qui se dresseront devant elles.

Quant à vous, Messieurs, au cours de ce Congrès, vous aurez à chercher quel parti on peut tirer de cette force nouvelle pour la défense des intérêts considérables aujourd'hui en péril.

Vous savez tous à quelle maladie est en proie, dans certaines parties de la France, le monde agricole et quelle crise traversent les petits commerçants. Quand on vit dans les campagnes, on voit à quelles difficultés se heurtent les ruraux, petits et grands. Les ouvriers agricoles tirent d'un travail obstiné un profit médiocre et leurs salaires suffisent à peine aux premières exigences de la vie; d'un autre côté les propriétaires, qui ont souvent grand peine à joindre les deux bouts, sont hors d'état de supporter un surcroît de charges.

De ces embarras réciproques naissent le découragement, la dépopulation des campagnes, l'invasion des villes, la rareté de la main-d'œuvre, laquelle n'amène cependant pas l'augmentation des prix.

Comment parer à ces dangers, comment améliorer cet état de choses? il n'y a qu'un moyen, c'est le Syndicat.

Le Syndicat permet à l'ouvrier agricole de vivre au meilleur marché possible; il permet au propriétaire de perfectionner ses procédés de culture, de tirer de son sol toute la richesse qu'il contient, d'acheter ou de vendre aux meilleures conditions possibles; enfin, il permet aux uns et aux autres d'établir entre eux des rapports de confiance et une collaboration commune, qui leur fait trouver des remèdes aux maux dont ils souffrent.

Quant aux petits commerçants, réduits à leur seule force, ils s'épuisent, se découragent et se ruinent à lutter contre la concurrence de rivaux puissants qui disposent de grands capitaux, et peuvent, en diminuant leurs frais généraux, diminuer leurs prix dans la même mesure. Pour eux aussi, impuissants s'ils restent isolés, il n'y a qu'un palliatif possible, le Syndicat, qui leur permet d'acheter les objets en fabrique, et de les revendre aux conditions les plus rémunératrices.

C'est ainsi, Messieurs, que la loi de 1884 sur les Syndicats, qui n'est qu'une mise en pratique du droit d'association, apparaît, sinon comme une solution, du moins comme un adoucissement aux maux dont souffrent les petits commerçants.

Pourquoi ne nous sommes-nous pas servis plus tôt de cette loi de 1884? Si nous nous en étions emparés tout de suite, nous en eussions fait des Syndicats des instruments de progrès et de concorde et empêché, peut-être, que des malintentionnés et des violents en aient fait des armes révolutionnaires. (*Applaudissements.*)

Mais l'association n'est pas seulement bonne à défendre des intérêts matériels, elle sert aussi à défendre des intérêts moraux et religieux.

Vous assistez tous les jours à l'application progressive du plan de campagne qui, d'abord élaboré dans les loges maçonniques et dans les sociétés de libre pensée, leurs filiales, a été accepté ensuite par les Comités radicaux et radicaux-socialistes d'où le Bloc est issu.

Ce plan, ai-je besoin de vous le rappeler? Faire une France rationaliste, répudiant tout idéal divin, ne connaissant plus d'autre culte qu'une fausse science, n'ayant plus d'autre but que le bien-être, considérant la vie comme une halte entre deux éternités de mort. Voilà la grande pensée du règne et, tous les jours elle se réalise sous vos yeux.

La marche vers le matérialisme athée a déjà franchi beaucoup d'étapes et si, par moments, elle semble se ralentir, c'est que les meneurs de la campagne ont besoin de reprendre haleine pour des efforts nouveaux. (*Vifs applaudissements.*)

A l'heure qu'il est, vous assistez à des épisodes nouveaux de ce tragique drame : c'est contre l'enseignement religieux, contre l'enseignement spiritualiste que la campagne est dirigée; car la secte, partout où elle trouve une parcelle de divin, essaie de s'en saisir pour l'étouffer.

Vous connaissez l'effort fait, à l'heure où je vous parle, en faveur de l'enseignement laïque. Vous savez que c'est sur ce terrain que se livre le combat décisif.

M. Combes disait, il y a peu de temps : « La lutte n'est plus dans la rue, elle est à l'école » et M. Clemenceau, habillant cette formule à la vendéenne, a dit : « La lutte n'est plus aux chemins creux, elle est à l'école ». C'est là qu'elle est en effet ; bien aveugle qui ne le voit pas !

On a détruit les Ordres religieux, on a fermé les écoles libres, on a fait la Séparation, on a garotté l'Eglise, qu'on croit tenir à merci ou, au moins, réduire à la famine ; mais l'école reste ouverte. Il reste même des dispositions qui semblent donner asile à un reste de spiritualisme, ce sont les règlements universitaires où il est encore question des devoirs envers Dieu. C'est là que frappe la Secte. Et ainsi s'explique la protection dont elle veut couvrir les agressions des instituteurs contre les croyances de leurs élèves.

Il n'y a pas de trait plus caractéristique que l'incident qui a abouti au fameux arrêt du Tribunal des conflits. Un instituteur antimilitariste et un peu grivois se permet devant ses élèves des propos hostiles à l'idée de Patrie et à la Morale. Un père de famille se plaint. Trois juridictions successives : un Tribunal, une Cour d'appel, le Conseil d'Etat jugent sa plainte légale. Aussitôt, grande agitation dans la fourmilière maçonnique et grande colère parmi les louveteaux parlementaires que la Secte a nourris dans son sein. (*Applaudissements.*)

Toucher à l'instituteur, lui interdire de verser goutte à goutte le poison du matérialisme athée ! mais c'est détruire toute l'œuvre conçue et exécutée depuis vingt-cinq ans. Halte-là ! la République est en danger, il faut la sauver.

Et le Ministre, instrument docile des loges, présente aussitôt deux lois qu'on appelle du nom de leur auteur : les lois Doumergue, parfaits monuments d'arbitraire et d'iniquité. (*Vifs applaudissements.*) Ces lois seront sans doute votées ; car qui pourrait dire ce que ne votera pas la tribu des *Beni-oui-oui* qui siège sur les bancs de la majorité ? (*Vifs applaudissements.*)

Si elles sont votées, les écoles deviendront des séminaires de libre pensée (*Applaudissements*), des séminaires fermés, échappant à toute surveillance et à toute sanction. Désormais, l'instituteur sera un personnage intangible, son enseignement sera inviolable, et un concile de pédagogues décidera, *ex cathedra*, de l'orthodoxie des livres classiques et les déclarera sacro-saints. (*Applaudissements.*)

Quant au père de famille, s'il veut défendre la conscience de ses enfants, il devra lutter contre le Préfet devenu son adversaire, c'est-à-dire contre l'Etat, ses forces, son budget et ses dociles parquets. (*Applaudissements.*)

Et ce qui est inouï, ce qui ne s'était jamais vu, c'est que les pères de famille seront jugés et condamnés sur les révélations arrachées aux enfants.

Les enfants devenant les dénonciateurs inconscients et obligés de leurs parents, voilà le spectacle que l'Etat laïque devait à la Société fille de la Science et de la Raison ! (*Applaudissements prolongés.*)

Contre les périls de demain, qu'y a-t-il à faire ?

Je parle des périls de demain, car vous pensez bien que les lois Doumergue ne sont elles-mêmes que des premières étapes. Le but, c'est la réalisation du rêve, depuis si longtemps entrevu et caressé dans les loges, du monopole universitaire, ce véhicule commode de l'athéisme. Confisquer la liberté de l'enseignement, c'est *l'ultima ratio* ; c'est le dernier mot de l'oppression jacobine et maçonnique. (*Vifs applaudissements.*)

Voilà de quoi nous sommes menacés. Il ne s'agit plus des ordres religieux : ils sont dispersés et les moines ont pris les chemins de l'exil. Les liquidateurs se sont jetés comme des vautours sur leurs biens, derniers asiles de la prière ; ils les ont vendus, dilapidés et en ont distribué à leurs agents et à leurs hommes d'affaires le prix obtenu par des moyens indignes. Puis les écoles libres ont été fermées ; on a tout pris à l'Eglise ; on a volé les menses épiscopales, fermé les séminaires. Que reste-t-il donc debout ? Il reste ce débris des libertés passées : l'enseignement de l'enfance.

Aujourd'hui on veut embrigader la jeunesse ; on veut, de gré ou de force, la conduire à l'armée nouvelle. Voilà le couronnement dé l'édifice. A vous, pères de famille, de dire si vous y consentez ; à vous de dire si, quand tout a été confisqué dans ce pays, vous voulez qu'on confisque aussi les âmes de vos enfants. (*Vifs applaudissements.*)

Vous ne le voudrez pas, je garde cette dernière espérance. On est arrivé au terme de la patience des catholiques de France. Oui, j'espère que ceux qui ont été jusqu'ici éblouis et égarés, qui ont cru aux sophismes, cédé aux illusions, verront enfin clair et que, devant leurs enfants contaminés et souillés, ils se redresseront avec fureur contre les oppresseurs et leur barreront la route. (*Applaudissements.*)

Mais qu'ils sachent bien qu'ils ne le pourront que grâce à l'association, à l'union, et que devant la puissance de l'Etat qui est la puissance organisée par excellence, ils ne peuvent rester isolés et émiettés.

Une des choses les plus surprenantes, c'est que les socialistes qui, dans notre pays, se donnent comme les apôtres et les chefs du Syndicalisme s'indignent à la pensée que des pères de famille pourraient user du droit d'association pour lutter contre l'Etat. Comment! en face d'un pouvoir devenu un terrible ennemi, des pères de famille n'auraient pas le droit de mettre en commun leur impuissance et leur dénuement! (*Vifs applaudissements.*)

Messieurs, je ne cesserai de répéter : l'association, c'est le salut; l'association, c'est la sauvegarde de tous les intérêts moraux.

J'ajoute que l'association est aussi notre sauvegarde dans la lutte politique dont le suffrage universel est l'arbitre et dont le pouvoir est l'enjeu.

Combien de gens déclarent aujourd'hui qu'ils se désintéressent de la lutte politique! On leur parle de lutter, ils ne le veulent pas; la politique les dégoûte et je dois avouer que je les comprends un peu... (*Applaudissements*). Je comprends la répugnance qu'elle leur inspire et la joie qu'ils éprouvent à la fuir; mais nécessité n'a pas de loi : il faut vivre d'abord : *primum vivere*. Quand la tempête bat les flancs du navire, il faut que tout le monde monte sur le pont et fasse la manœuvre, car si le navire sombre, tout le monde se noie.

J'entends les catholiques répéter : « Pas de politique, des œuvres. » J'entends des négociants, des industriels, des financiers répéter : « Pas de politique, des affaires. » Pas de politique ! mais il faudrait que vos ennemis commencent. Pas de politique ! mais c'est l'adversaire qui vous pourchasse avec la sienne.

Négociants, industriels, financiers, il me semble que la politique a su vous trouver sous la forme de l'impôt, à haute dose, en attendant l'impôt sur le revenu; elle a su vous trouver sous la forme de la grève en permanence, en attendant la grève générale, sous la forme de la guerre au capital, en attendant la suppression du capital sous la forme du rachat de l'Ouest, en attendant le rachat des mines.

Et vous, catholiques, est-ce que la politique n'a pas su vous trouver ? Où sont vos couvents; où est votre clergé; et ne voyez-vous pas venir l'inviolabilité, l'enseignement athée et le monopole universitaire ? Que vous faut-il donc, grand Dieu ! pour vous ouvrir les yeux ?

Vous ne voulez pas de politique : des soldats qui, le matin du combat, diraient : « Nous ne voulons pas nous battre », me sembleraient très semblables à vous. (*Vifs applaudissements.*)

Et vous tous, hommes d'affaires et capitalistes, regardez donc derrière vous la légion de réformateurs qui ne songent qu'à vous dévorer petit à petit, morceau par morceau!

Au point où nous en sommes, personne ne peut se promettre, personne ne peut espérer gagner tranquillement sa vie ni même conserver tranquillement le peu de bien qu'il possède.

Il faut, autour des affaires comme autour des œuvres, établir une zone de protection, sans quoi les affaires et les œuvres seront, à un moment donné, balayées par le même coup de vent.

La zone de protection serait établie par une législation honnête, par une magistrature indépendante; tant que vous ne les aurez pas, vous vivrez au jour le jour sans savoir ce que vous deviendrez demain. Quant à vous, catholiques, vous pourrez multiplier des œuvres, faire appel, dans de magnifiques harangues, à la conciliation, à la concorde, vous aurez toujours derrière vous des ennemis qui vous guettent et qui, d'un mot, d'un geste, renverseront ce que vous aurez élevé. (*Applaudissements.*)

N'est-ce pas assez de toutes les hontes passées, faut-il encore des épreuves nouvelles? La politique est maudite, je le veux bien; mais en faire est une question de vie ou de mort; et vous tous qui avez une foi au cœur, vous devez combattre avec nous. Vous combattrez ou vous serez perdus. (*Vifs applaudissements.*)

Oui, les luttes politiques sont répugnantes et, pour ma part, je les déteste; mais il les faut accepter. La bataille est engagée entre ceux qui croient et ceux qui nient, entre ceux qui veulent conserver et ceux qui veulent détruire; personne n'a le droit de se récuser, personne n'a le droit de se refuser à prendre rang dans l'armée qui défend le terrain pied à pied.

Il faut lutter ou périr. (*Vifs applaudissements.*)

Ne croyez pas qu'on sera sauvé parce qu'on aura été, humblement, se réfugier dans les bagages de l'armée : les armes en usage, aujourd'hui, sont à si longue portée que les trainards et les fuyards sont aussi exposés que les vaillants des premières lignes. (*Vifs applaudissements.*)

La pusillanimité ne sauvera rien, elle perdra tout, surtout l'honneur. (*Applaudissements prolongés. Acclamations.*)

Vous allez entendre ce soir deux représentants de l'*A. L. P.*

Nous avons prié le Président de notre Comité régional du Sud-Est, de prendre la parole. M. le colonel Fournier-Poncelet est un brave qui n'a jamais capitulé devant personne et a mieux aimé la retraite que les hauts honneurs au prix de quelque transaction. (*Applaudissements.*)

Je lui donne la parole et je me permets de lui exprimer le sentiment de fierté que nous éprouvons en voyant un homme tel que lui prendre, dans le Sud-Est, la direction des affaires de l'*A. L. P.*

M. le colonel Fournier-Poncelet fait alors un compte rendu, éloquemment exposé, de l'action des comités de la région du Sud-Est.

Il énonce les causes des difficultés de notre propagande; elles proviennent en partie du tempérament méridional trop accessible aux opinions extrêmes et qui, tout vibrant de passion, ne peut trouver la perfection dans le juste milieu.

Parlant de l'œuvre accomplie par le Comité dont il est Président, l'orateur s'exprime ainsi :

« Le Comité régional du Sud-Est de la France exerce son action sur les sept départements du Vaucluse, des Bouches-du-Rhône, du Var, des Hautes et Basses-Alpes, des Alpes-Maritimes et de la Corse.

C'est à Marseille qu'il s'est constitué, et, obligé pour ses débuts de procéder avec économie, il a demandé, pour l'établissement de son siège social, l'hospitalité du Comité départemental de Marseille. Modestement logé, depuis un an, dans une des rues les moins en vue, il vient de renoncer à cet effacement, et, depuis quelques jours. c'est sur le cours Belsunce, je pourrais dire sur la Cannebière, qu'il étale fièrement la manifestation très visible de sa nouvelle existence. Par ce seul détail, vous pouvez juger de l'envergure de nos ambitions et des progrès déjà réalisés, ou que nous rêvons d'accomplir.

A l'imitation du Comité régional de Lyon, notre premier soin a été de fonder un Bulletin périodique par lequel nous nous mettons en communication avec nos différents comités, et qui nous sert à rendre compte des résultats acquis, à annoncer les conférences et réunions, à donner des directions, à signaler les emplois vacants dans nos bureaux de placement, et même à faire un peu de réclame en faveur des commerçants affiliés à l'*A. L. P.*

De plus, et depuis sa fondation, le Comité du Sud-Est n'a jamais manqué de réunir tous les six mois ses Présidents de Comités, et même ceux de ses simples adhérents qui veulent bien assister, à Marseille, à quelques séances de travail et à un repas fraternel.

Obligés de diviser notre travail de propagande et d'y faire servir toutes les bonnes volontés, nous avons cherché, tout d'abord, à organiser au chef-lieu de chaque département un Comité départemental d'où sortiraient des Comités d'arrondissement, de cantons, et même de simples villages.

Sous ce rapport notre organisation est encore incomplète, et le département de Vaucluse, le premier de ceux que j'ai cités tout à l'heure, nous ménageait un insuccès, que je constate avec d'autant moins de peine qu'il est personnel à votre Président du Comité du Sud-Est, et que mes efforts se sont brisés, dans la ville d'Avignon, contre la puissance d'un parti soi-disant libéral qui préfère le suicide à l'alliance avec nous.

Soulagé par l'aveu de cet échec, je me hâte de vous dire que bien différents seront les résultats dans les départements voisins. A constater les succès, je mettrai d'autant moins de modestie qu'ils ne me sont point personnels et me servent seulement à exalter l'œuvre de quelques hommes de dévouement, comme j'en souhaite beaucoup à l'*A. L. P.*

Mais il faut aller vite, et je vous demande la permission d'entrer tout de suite dans un sujet qu'il ne me sera d'ailleurs pas possible d'exposer jusqu'au bout, en raison du peu de temps dont je dispose.

Le département des Bouches-du-Rhône compte plusieurs milliers d'adhérents à l'*A. L. P.* Sans négliger, comme vous le verrez, sa mission extérieure, son Comité départemental a porté plus spécialement son activité sur la ville de Marseille, la troisième de France pour sa population.

Embarrassé de vous exposer (ne fût-ce que dans ses grandes lignes) l'œuvre de ce Comité de Marseille, je ne crois pouvoir mieux vous dire qu'il a su se partager en neuf commissions correspondant à l'organisation : des Groupes sportif et artistique — de la Bibliothèque — du Comité de placement — du Secrétariat juridique et du peuple — des Conférences — des Associations scolaires des Pères de famille — de la Propagande — de la Ligue contre la licence des rues — des Mutualités.

Rivalisant de bonne volonté, toutes ces commissions ont abouti à des résultats qui s'affirment chaque jour.

La Bibliothèque s'ouvre trois fois par semaine.

Le Comité gratuit de placement de la région correspond avec les autres bureaux de placement pour la transmission des demandes qui ne peuvent être satisfaites sur place.

Le Secrétariat du Peuple est ouvert tous les dimanches, de dix heures à midi.

Un nombre important de conférenciers est à la disposition de tous nos groupes ou sous-groupes, ou des groupements amis.

Le Comité de Marseille n'a rien laissé de ce qui est juste en dehors de son activité : tantôt, c'est la revision des listes électorales où il fait supprimer plus de six mille électeurs de fantaisie : tantôt, il obtient de la Société de secours mutuels de Saint-Pierre et Saint-Paul qu'elle ouvre ses rangs à l'A. L. P. sans distinction d'âge ; hier, il donnait son adhésion et son appui aux œuvres des Jardins Ouvriers et des Enfants des Ecoles Libres à envoyer à la montagne : aujourd'hui il s'affilie à la Ligue Marseillaise antimaçonnique qui mène cette admirable campagne du journal *le Réveil Marseillais* ; sur d'autres points de la région, le Comité obtient encore d'appréciables succès. Dans des réunions tenues à Cuges, à Tarascon, à Beaucaire les idées directrices de notre chère Association ont été acclamées, des représentants du parti socialiste ont demandé à nos adhérents de venir parler dans leurs cercles et se sont engagés à les y faire respecter.

Enfin, à l'occasion des dernières élections municipales, il a contribué à maintenir à Marseille le parti libéral sur ses anciennes positions et a obtenu à Aix un succès, qui lui a été enlevé seulement par le parti pris du gouvernement d'annuler les élections qui nous sont favorables. »

L'orateur envisage ensuite l'œuvre des comités d'arrondissement ; il rend hommage aux quarante comités des arrondissements de Toulon, Brignoles et Draguignan qui comptent ensemble plus de 1.800 adhérents, grâce à l'activité desquels nous réchauffons constamment dans le Var l'esprit de résistance contre la tyrannie du Bloc.

Malheureusement, dans d'autres départements, les Alpes et le Vaucluse notamment, bien des résistances nous sont opposées, des défaillances se produisent, des bonnes volontés hésitantes s'effarent à la pensée de la lutte au grand jour et cependant malgré ces difficultés nous avons là aussi à enregistrer quelques succès.

Aux élections municipales de mai, certaines municipalités ont été reconquises, la vallée de Barcelonnette est redevenue libérale, Valensolle, Saint-Étienne, le pays d'Isoard, Veynes ont été gagnés à notre cause.

« Et maintenant, conclut en terminant M. le colonel de Fournier-Poncelet, j'en arrive au terme de cette causerie dans laquelle, pressé par le temps, et retenu par la crainte d'abuser de votre bienveillante attention, je n'ai pu que vous indiquer à grands traits notre commencement d'organisation dans la région du Midi.

Pour si disposés que vous puissiez l'être à l'indulgence pour le Comité régional du Sud-Est, dont l'existence ne date que d'une année à peine, vous ne manquerez pas d'apprécier tout l'incomplet des résultats jusqu'à présent obtenus.

Absorbés par la nécessité de recruter, tout d'abord, les adhérents dont nous avons besoin, c'est au prosélytisme, c'est à la propagande que nous avons donné toute notre activité, et, si nous avons obtenu quelques succès, sous ce rapport, combien nous sommes éloignés encore de ces œuvres sociales par lesquelles notre chef éminent veut aller vers ce peuple des villes et des campagnes que le socialisme cherche à lancer à l'assaut de la propriété, par lesquelles nous voulons tous, avec lui, donner à ce peuple la satisfaction de tous ses besoins matériels et moraux, l'aider à préparer son avenir et celui de ses enfants, et lui donner enfin des réalités tangibles et palpables, à la place des sophismes, des chimères et des utopies dont le berce le socialisme.

A comparer les quelques étapes que nous avons franchies, avec la route si longue qui nous sépare encore du but de nos efforts, peut-être serions-nous tentés de désespérer, si nous avions la prétention d'enfermer la réalisation de nos ambitions patriotiques dans la courte durée de notre existence éphémère.

Ce n'est point, en effet, par le travail d'un jour, nous le savons, que nous déferons cette œuvre du mal qui a mis tant d'années pour atteindre son complet achèvement, et peut-être les plus jeunes d'entre nous verront-ils seulement au couchant de leur existence le complet épanouissement de cette moisson de gloire dont M. Piou, notre grand chef, nous invite à confier la semence au sol sacré de la patrie.

Mais que nous importe ?

Ce n'est souvent pas pour eux-mêmes que nos pères ont planté ces arbres, orgueil de nos forêts et de nos jardins, qui nous donnent aujourd'hui leurs fruits et leur ombrage. Le mineur n'arrache pas le charbon aux entrailles de la terre, avec l'espoir d'en voir la flamme échauffer nos foyers ou illuminer nos places publiques, et nos grands bâtisseurs du moyen âge n'ont pas commencé leurs merveilleuses cathédrales avec la pensée d'en voir la flèche s'élancer dans l'azur du ciel, comme monte une ardente prière vers le trône du Tout-Puissant !

Nous imiterons tous ces abnégations, et c'est pour nos enfants, peut-être, que, supérieurs à la mauvaise fortune, et indomptables dans nos espérances, nous ferons nôtre cette belle parole d'O'Connell, le grand agitateur irlandais dont a fait sa devise le Comité régional du Sud-Est de la France :

« Il ne faut pas se réunir aujourd'hui et demain,

Il ne faut pas parler et écrire aujourd'hui et demain,

Il ne faut pas combattre aujourd'hui et demain,

Il faut se réunir toujours. Il faut parler et écrire toujours,

Il faut combattre toujours.

Il faut lasser la patience de l'injustice et forcer la main à la Providence ! »

M. Jacques Piou, député de la Lozère, président, remercie l'orateur en ces termes :

Messieurs, j'avais raison de vous dire que nous étions fiers de notre président du Comité régional du Sud-Est.

En écoutant le colonel Fournier-Poncelet, je me rappelais (c'est un vieux souvenir qui vient de loin) que César, dans ses *Commentaires*, disait en parlant des Gaulois: « Il y a deux choses qu'ils aiment par-dessus tout : *Rem militarem et argute loqui.* »

Si César revenait parmi nous, en vous entendant parler, mon colonel, il aurait compris qu'après vingt siècles les descendants des Gaulois n'ont pas changé et que, par un privilège heureux, ils peuvent voir et saluer, réunies dans le même homme, ces deux tendances du génie français, l'ardeur militaire et l'éloquence. (*Vifs applaudissements.*)

Je donne la parole à M. Villeneau, que le colonel Fournier-Poncelet vous a déjà présenté comme un ami. C'est un fils de la maison. Je ne veux pas lui donner trop d'orgueil en faisant son éloge; il va d'ailleurs mériter les compliments en s'adressant à l'assemblée.

DISCOURS DE M. VILLENEAU

M. Villeneau prend la parole. Dans un langage imagé et très vivant, l'orateur fait un compte rendu humoristique du dernier congrès radical-socialiste.

Les radicaux-socialistes se sont réunis à Dijon, au commencement d'octobre, pour examiner le programme économique, social, politique, moral et scolaire du parti.

L'article premier du programme économique, c'est, nous les avons du reste, l'impôt sur le revenu.

L'orateur raconte les avatars de cette réforme dont les radicaux se réclament depuis vingt-quatre ans et qui est toujours en discussion devant le suffrage universel.

Dans la discussion du programme économique, M. Émile Chauvin se révéla un grand homme aux yeux de ses coreligionnaires; il fit longuement la critique des théories collectivistes et aboutit à cette conclusion :

Article premier. — La propriété individuelle est sacrée.

Art. 2. — Quand elle sera gênante on la supprimera.

Telle est la doctrine que le Congrès du parti radical a fait sienne. Elle est essentiellement opportuniste.

Après la réforme économique, les congressistes de Dijon ont abordé la question de la réforme électorale. M. Bonnet avait précédemment rapporté cette question au précédent congrès de Nancy. Il s'était fait huer par une énorme majorité pour avoir osé préconiser le scrutin de liste avec la représentation proportionnelle. Il s'est borné cette fois à demander au congrès de faire sien le projet déposé par M. Dessoye, député de la Haute-Marne. D'après ce projet le scrutin de liste serait substitué au scrutin d'arrondissement et les députés élus à raison de 1 par 75.000 habitants.

Ainsi au lieu de 591 députés, la Chambre n'en compterait plus que 518.

Ainsi se trouverait escamotée la véritable réforme électorale et cette réformette ferait oublier, espère-t-on, au pays l'augmentation de l'indemnité parlementaire.

M. Villeneau signale ensuite un rapport de M. Gustave-Adolphe Hubbard, adopté à l'unanimité par le congrès radical-socialiste et relatif aux moyens à employer pour arrêter la coalition cléricale menaçant l'enseignement laïque. Ce rapport conclut purement et simplement à l'adoption des projets Dessoye et Doumergue étranglant ce qui reste de la liberté de l'enseignement.

Enfin, pour en terminer avec cette question, l'orateur résume un rapport de M. Buisson sur la crise de l'école laïque et les résultats désastreux révélés par les statistiques. Il paraît que, malgré l'instruction laïque, gratuite et obligatoire, un grand nombre de conscrits sont illettrés et ignorent tout de la vie nationale.

M. Buisson cherche partout des remèdes à cette situation, mais, bien entendu, ne songe pas au seul remède naturel : la liberté de l'Enseignement.

Cette partie du discours de M. Villeneau est fort applaudie.

Le congrès radical s'est demandé quelle serait son attitude vis-à-vis des socialistes aux prochaines élections. Voici la formule à laquelle il s'est arrêté pour régler sa tactique : « Nous n'avons pas d'ennemis à gauche, nous n'avons pas d'amis à droite. »

Ainsi toutes les déclarations antipatriotiques d'Hervé, le congrès radical les ignore. Toutes les théories que Pelletan, Desmons, Maurice Sarrau, Delpech et le général André, ces grands pontifes du radicalisme et de la maçonnerie, flétrissaient il y a un an au congrès de Nancy en les déclarant folles et criminelles, n'excitent plus l'indignation des radicaux.

Ainsi ces grandes assises se terminèrent par l'adoption de la motion dite du nègre blanc : On coud une motion qui dit noir à une autre, qui dit blanc et le congrès bat des mains ! L'ardeur des radicaux se manifeste surtout dans les congrès. Depuis elle s'est éteinte.

L'impôt sur le revenu continue son chemin à tout petits pas et il semble que les radicaux n'éprouvent pas un grand désir de le voir aboutir.

Quant aux retraites ouvrières, elles ont depuis quelque temps fait plusieurs pas en arrière. M. Cutinot, président de la Commission de prévoyance sociale, ayant demandé au Président du Conseil quelques renseignements d'ordre financier pour se faire une idée de la dépense qu'entraînerait l'adoption du projet soumis à la Commission, le Ministre du Travail, créé tout exprès pour faire aboutir les retraites ouvrières, fit découvrir que l'adoption du projet entraînerait, en ce qui concerne l'Etat seulement, une dépense de 285 millions pour la première année et qui s'élèverait progressivement jusqu'à 500 millions au bout de 25 ans pour se réduire à 425 millions après 80 ans.

Très ennuyé et ne sachant où prendre ces 285 millions, M. Viviani voulut traiter à forfait avec 100 millions, mais la Commission ayant établi qu'avec cette contribution de l'Etat, au lieu de 360 francs promis aux travailleurs, on ne pourra plus leur donner que 45 francs, le projet a donc été abandonné, et on lui en a substitué un autre qui va être examiné.

Ainsi, après l'hésitation touchant l'impôt sur le revenu, c'est l'enterrement des retraites ouvrières.

Heureusement le parti radical a d'autres projets : un projet de décentralisation et un autre de revision de la constitution.

Un mot seulement sur le projet de décentralisation. Une commission a été nommée pour l'étudier, mais au lieu de restreindre les pouvoirs des préfets et d'étendre les libertés communales, elle a fait tout le contraire.

Dans ce projet les préfets seraient débarrassés de tous les détails d'administration qui incomberaient aux secrétaires de préfectures. Quant aux préfets, ils voyageraient, ils seraient les inspecteurs de leur départemen' et voilà la grande réforme imaginée par M. Clemenceau !

Huit jours après le congrès de Dijon, les socialistes tenaient leurs assises à Toulouse. Bien entendu, on y a répondu aux avances des radicaux et M. Jaurès a fait du congrès tout ce qu'il a voulu. Il a tendu la main droite aux radicaux qui lui tendaient la main gauche. De sorte que le fameux bloc si lézardé est en train de se reformer contre l'ennemi commun, c'est-à-dire contre nous.

Un fait se dégage de tous ces congrès, c'est que socialistes et radicaux, ennemis en parole, sont alliés en fait. Nous ne devons pas compter sur leurs divisions, mais uniquement sur nos propres forces. Préparons-nous donc à la lutte ; faisons connaître notre programme ; quand le pays le connaîtra, bien des préventions et des préjugés tomberont, car il est de nature à donner satisfaction à toutes les aspirations généreuses de la Démocratie.

Après le discours très applaudi de M. Villeneau, le Président rappelle que demain matin, le Congrès se réunira à 9 heures sous la présidence de M. Plichon, député du Nord, pour étudier le projet de réforme constitutionnelle présenté au Congrès, et aussi pour examiner les diverses applications qui ont été faites par nos comités de la Représentation proportionnelle.

Demain après-midi il présidera lui-même une séance où sera étudiée l'organisation même de l'*A. L. P.*

Samedi matin, l'amiral de Cuverville présidera la séance où sera traitée la question des Associations de pères de famille, et M. de Gailhard-Bancel celle où seront traitées les questions relatives aux intérêts agricoles et commerciaux.

Samedi soir, rue Blanche, M. Bazire, nouveau membre du Comité directeur, prendra la parole et sera suivi à la tribune par M. Saint-Yves. Enfin dimanche à midi aura lieu le banquet.

DEUXIÈME JOURNÉE

Vendredi 4 Décembre 1908.

Après quelques paroles de bienvenue, le Président donne la parole au rapporteur sur son projet de Constitution libérale.

RAPPORT SUR LE PROJET DE CONSTITUTION LIBÉRALE

MESSIEURS,

Votre grande Association est née en 1902 des impressions que produisit, sur les Français de bon sens, l'état politique de leur pays. Les vices d'organisation du régime apparaissaient clairement, révélés par les violations de la Justice et de la Liberté, par les accès successifs de faiblesse et de tyrannie des hommes que la minorité du pays plaçait tour à tour à la tête du Gouvernement.

Nous disons minorité, car il est aujourd'hui avéré que, par un fonctionnement défectueux du suffrage universel, un quart seulement du pays dictait et dicte encore la loi au pays tout entier et que 2.500.000 électeurs environ ont pu imposer leur volonté à 11.000.000 d'inscrits et à 26.000.000 d'habitants majeurs du pays. Cette anomalie funeste, jointe à bien d'autres, constitue un mal profond que le clairvoyant patriotisme des libéraux a rendu au pays le service de signaler et dont l'aveu public a été arraché aux hommes mêmes qui détiennent le pouvoir. Le président du Conseil des Ministres n'a-t-il pas, dans la séance du 30 janvier 1907, affirmé l'incohérence qui se manifeste dans le fonctionnement organique du pays?

La cause de cette situation n'a pas échappé aux hommes d'intelligence et de volonté que l'*A. L. P.* a mis à sa tête. Ils ont clairement vu que si les lois organiques de la République ont prescrit une organisation des pouvoirs publics, cette organisation a été mal conçue et n'a pas assuré la séparation des pouvoirs exécutif, législatif et judiciaire, qui, par cela même, se confondent dans une mutuelle dépendance. Les lois organiques ont omis de définir et consacrer le droit public des Français auquel ces pouvoirs doivent nécessairement se conformer pour administrer le pays.

Ils ont compris, d'autre part, qu'il manque à la République un organe supérieur, puissant, indépendant, qui assure l'application fidèle de la Cons-

— 16 —

titulion, le respect de la Justice, et de la Liberté. Il en a été ainsi parce que la troisième République, implantée dans notre pays en 1870, l'a été d'abord sans le concours de la volonté nationale, puis acceptée à titre provisoire en 1871, elle l'a été à titre définitif par les élus de la France, et a été confirmée ensuite par les lois organiques de 1870, 1884 et 1885. Mais elle est née sans préparation adéquate au rôle important qu'elle était appelée à jouer.

L'Assemblée Nationale qui l'a fondée comptait une majorité de 438 représentants partisans des deux branches de nos monarchies et impérialistes, irréductiblement divisés en trois groupes, contre 300 représentants républicains de nuances diverses, mais étroitement unis sur le terrain de la République. Aussi cette forme de gouvernement a-t-elle été adoptée. La majorité monarchiste de l'Assemblée nationale l'accepta ou s'y résigna parce qu'elle était le régime qui divisait le moins les membres de cette assemblée, et aussi sous l'impression du découragement que lui causa une note, désormais historique, que publia la *Liberté* le 25 octobre 1873, note anonyme qui prêtait hautement au prétendant un désaccord avec ses amis, note qui présentait habilement un grand caractère d'autorité, note enfin sous laquelle nous n'hésitons pas, pour notre part, à voir le procédé ordinaire et la main de la Franc-Maçonnerie.

C'est ce qui a fait dire à Littré que « la République est née en France beaucoup plus de concours des circonstances que de la volonté des hommes ». Ceux-ci ne se sont pas préoccupés de rendre la France habitable pour tous les Français indistinctement en édictant dans une Constitution les garanties nécessaires et l'on peut affirmer aujourd'hui que la République actuelle n'a pas atteint son but. Ce but elle ne pouvait l'atteindre d'ailleurs et elle était condamnée à un échec plus ou moins lointain, mais certain, dû à l'imperfection de son organisme et au vice de son origine.

Il faut le dire bien haut, ce vice a été d'autant plus fécond en conséquences funestes que ce régime a rallié à lui de plus en plus intimement la volonté nationale (1).

Aussi voit-on se produire ce fait anormal que, dans notre vieille Europe, la France, qui s'honorait cependant autrefois d'être à l'avant-garde de la civilisation, reste en arrière, et suivant la parole de l'éminent président de notre Association, va demeurer « le seul pays qui n'ait pas de Constitution » après en avoir cependant usé *seize* au cours d'un siècle, dont une mort-née, la Constitution Girondine.

Et pourquoi, avons-nous usé tant de Constitutions ?

L'étude historique qui vous a été remise vous l'explique. Elle met en haut-relief les conditions essentielles au bon fonctionnement de tout gouvernement et au développement moral et matériel des sociétés. Elle montre les conséquences qui résultent pour les chefs d'État, les Constitutions et les peuples de l'inobservance de ces conditions. C'est toujours le désaccord entre l'exercice de l'autorité, les prescriptions constitutionnelles et les lois supérieures divines qui entraîne la décadence des peuples. Oui, l'autorité souveraine qui

(1)	Dates	Voix républicaines	Voix monarchistes
	1876..............	4.023.153	3.202.333
	1877..............	4.367.202	3.577.882
	1881..............	5.128.112	1.789.767
	1885..............	4.327.162	3.511.191
(scrutin de liste)	1889..............	5.026.583	2.795.311
	1893..............	5.382.622	1 202.213
	1898..............	7.060.939	876.737
	1902..............	7.759.268	711.993
	1906..............	7.842.211	610.925

Nous avons obtenu ces chiffres en additionnant les voix données aux candidats qui se déclaraient républicains et à ceux qui se disaient monarchistes.

vient de Dieu et sa loi doivent être respectées par tous comme les sources de toute loi humaine. La fidélité envers les prescriptions de la loi morale conduit les nations à bénéficier le plus souvent possible, sinon toujours, de celles des lois physiques dont l'application sera le plus favorable à la conservation et au développement de l'homme et des sociétés.

L'infidélité des sociétés envers l'autorité de cette loi, voilà, Messieurs, la cause qui, actuellement, nous nuit si profondément, c'est la même cause qui a fait s'écrouler les trônes, tomber les Constitutions. Ce n'est pas là une donnée hypothétique, une conception chimérique de l'imagination, mais une éclatante vérité, une réalité palpable que mettent en lumière les quatre études documentaires qui vous ont été distribuées.

Ce sera l'honneur de votre grande Association d'avoir ainsi mis en relief avec précision, et en parfait accord avec les enseignements du Christianisme, les conditions essentielles à tout progrès, comme d'avoir indiqué que l'inobservance de ces conditions est pour les sociétés la cause inéluctable de la décadence.

Les hommes clairvoyants que votre confiance a placés à la tête de l'*A. L. P.* ont dès 1904 orienté vos travaux vers la question primordiale des réformes constitutionnelles. Ils ont admirablement compris que les efforts libérateurs de la nation doivent s'exercer sur le point qui importe le plus au développement moral et matériel du pays.

Or, il est de toute évidence qu'après la pénétration de la Vérité dans les âmes par l'enseignement chrétien, ce qui importe le plus c'est une bonne organisation du pays qui permette le libre épanouissement des forces de la nation sous le souffle vivifiant de la justice et de la liberté. Voilà pourquoi vos chefs ont déterminé parmi vous un courant d'idées réformatrices qui s'est manifesté dès votre premier Congrès général, il y a aujourd'hui quatre ans. Dans cette circonstance, votre Association émettait des vœux formels et unanimes en faveur des premières réformes qui s'imposaient : la représentation proportionnelle par élection au scrutin de liste et le vote obligatoire.

Aux congrès généraux suivants, à Paris en 1905 et à Lyon en 1906, l'Association se prononçait pour la création d'organisations professionnelles et de conseils du travail, pour le principe de la décentralisation, des franchises communales, du *referendum* pour les questions d'ordre *municipal*, pour l'institution d'un tribunal suprême, pour l'extension des pouvoirs du chef de l'État.

Elle demandait aussi que le travail fut doté de sa véritable charte sociale et qu'il fut donné accès, dans les assemblées politiques, aux représentants de ses intérêts.

Toutefois, ces réformes désirées et votées isolément par votre Association avaient besoin d'être coordonnées afin de montrer au pays comment elles pourraient être appliquées dans leur ensemble.

C'est ce qu'a pensé l'un de vos Comités.

Il a alors étudié et dressé un Projet de Constitution Libérale conforme à vos aspirations et susceptible de servir de base à une étude critique. C'est ce projet, Messieurs, que vous avez acclamé à Lyon dans votre Congrès général de 1906, et qui motiva alors le vœu suivant, adopté à l'unanimité : « Le Congrès émet le vœu que l'étude du Projet Populaire d'une Constitution Libérale, dont il lui a été donné communication, soit mise à l'ordre du jour des travaux des Comités de l'*A. L. P.* pendant l'année qui s'ouvre, pour servir de base dans les Congrès postérieurs, à l'édification d'un système d'ensemble des diverses réformes politiques à présenter au pays. »

La section du Comité d'Études Sociales qui vous donne son concours avec un dévouement absolu et désintéressé a été saisie de ce Projet de Constitution et l'a étudié très sérieusement, mais les résultats de cette étude n'ont pu vous être soumis au Congrès de 1907, comme vous en aviez formulé le

2

vœu; c'est seulement au cours de l'année qui s'achève que ce travail a été terminé et communiqué à vos Comités.

Ceux-ci ont fourni leurs observations qui attestent, sur certains principes généraux tout au moins, un parfait accord entre tous les membres de votre association. L'ensemble de ces principes forme ainsi un harmonieux faisceau d'idées directrices constitutionnelles et exprime avec exactitude la pensée de l'association.

En voici l'énumération sommaire :

1° Accord nécessaire des prescriptions constitutionnelles avec la Loi Morale et avec celles des lois physiques dont les applications favorisent au plus haut degré, au point de vue physique, la conservation et l'harmonieux développement de l'homme et des sociétés ;

2° Reconnaissance du régime de la République que le pays a acceptée, mais nécessité d'en perfectionner l'organisation ;

3° Reconnaissance du droit de la nation de manifester sa volonté par voie de suffrages selon le mode qui en sera l'expression la plus exacte et la plus conforme à la justice et à la liberté. Sur ce point, l'association a admis la représentation proportionnelle et le scrutin de liste, le vote obligatoire et secret ; les autres modes complémentaires devront être examinés ultérieurement ;

4° Principe de Décentralisation avec subdivision de la France en régions dont le tracé sera déterminé en temps utile ;

5° Organisation professionnelle et Conseils du travail dont les détails sont à étudier ;

6° Constitution d'un Pouvoir Exécutif central : Président de la République, investi de l'autorité suprême par la nation dans des conditions d'étendue, de durée et de détails à fixer ;

7° Constitution d'une représentation de la nation à côté du Chef du Pouvoir Exécutif par un Parlement formé d'une Chambre des Députés et d'un Sénat. Les détails de la constitution de ces Chambres et de leur fonctionnement restent à déterminer ;

8° Etablissement au sommet de l'organisation du pays d'une Cour Suprême ;

9° Droit de revision constitutionnelle par la volonté nationale, manifestée dans des conditions à examiner ultérieurement.

Sur tous ces points les réponses des Comités font ressortir une conformité de vues parfaite, presque unanime, entre les couches profondes de notre grand groupement, les vœux adoptés par tous nos Congrès passés et le Projet élaboré.

Il n'entre pas dans notre pensée de vous astreindre, Messieurs, à entendre il'analyse forcément longue des observations qui nous sont parvenues de tous les points du pays.

Nous nous bornerons à vous dire que les réponses de vos Comités attestent la même volonté patriotique d'arracher la France à l'anarchie légale dans laquelle elle se débat et d'assurer son relèvement prochain et sa grandeur future. Tel est le but que notre Association poursuit en favorisant l'évolution du pays vers la Liberté et la Justice, et en s'efforçant de fixer ensuite cette orientation par un ensemble de lois constitutionnelles conformes à ses aspirations.

Quelques-unes des réponses de vos Comités constituent d'importantes études documentaires de législation constitutionnelle, et l'une d'elles exprime avec une grande clarté de vues l'œuvre complémentaire qu'il conviendra d'aborder ultérieurement et qui comportera la refonte de nos Codes et leur mise en harmonie avec la loi morale. La plupart de ces réponses témoignent d'une bonne volonté très éclairée et fournissent des observations judicieuses du plus grand prix dont il y aura lieu de tenir compte ; toutes enfin, est-il besoin de le dire ? témoignent d'un égal et ardent amour de l'ordre, en accord avec tout ce qu'il y a de conforme à la justice et à la liberté dans la volonté nationale, et d'une même et énergique réprobation de tout procédé révolutionnaire.

Il est donc permis de proclamer notre accord unanime sur tous les principes de la réforme constitutionnelle, poursuivie par notre association, accord que ne font que souligner les divergences sur quelques questions de détail qui seront remises ultérieurement à l'étude. Contentons-nous dès maintenant, Messieurs, de constater que ces divergences dérivent de deux états d'esprit différents : certains prétendent que les prescriptions constitutionnelles ne sont pas assez explicites dans les détails, d'autres, au contraire, prétendent qu'elles le sont trop.

Entre ces deux opinions, ceux qui ont travaillé à l'édification et à la revision du Projet de Constitution estiment qu'il est sage de se maintenir dans un juste milieu. Ils pensent que la loi et les mœurs s'influencent mutuellement, que de mauvaises mœurs rendent de plus en plus mauvaises la volonté générale et les lois qui en découlent, et que par voie réflexe, l'accroissement des mauvaises lois favorisant les mauvaises mœurs, il en résulte pour un pays un état de décadence de plus en plus accentué.

Telle est la voie qu'a suivie la France. Les tableaux de son état social, publiés d'autre part, et fidèlement interprétés, confirment notre opinion et font ressortir l'urgence des réformes proposées.

De là ressort la nécessité actuelle de prescriptions constitutionnelles aussi précises que le comporte l'état de décadence où est tombé le pays. Rien ne s'oppose, d'ailleurs, à ce que l'on introduise ultérieurement dans la loi des modifications correspondantes à l'amélioration des mœurs et de l'état national.

Mais la Constitution doit demeurer avec un caractère assez général pour s'adapter aux mœurs actuelles du pays, et assez précises pour favoriser l'amélioration de ces mœurs. Ses prescriptions doivent tendre à mettre toujours davantage les lois du pays en harmonie avec la Loi morale, et à ne pas tenter d'affranchir la volonté humaine de sa soumission à la volonté supérieure de Dieu.

L'oubli ou la méconnaissance de ce principe par une nation la conduit droit à l'anarchie, à la perte de sa liberté, à la ruine de sa grandeur et quelquefois même de son indépendance.

C'est ce que le Président de l'Association a si fortement et si éloquemment exprimé aux vifs applaudissements de tous les libéraux et sans soulever de protestations sur aucun banc de la Chambre :

« Quand un Gouvernement en vient à prendre les complaisances éphémères de l'opinion comme les sources uniques du droit, à considérer l'injustice comme légitime, parce qu'elle doit rester impunie, c'en est fait de la Liberté et de la grandeur morale d'une nation ! »

Toujours justement préoccupé de la situation actuelle de notre grand pays et de son avenir, le chef éminent et vénéré de l'A. L. P. disait déjà à Bordeaux, l'an dernier : « Le sol est miné, la maison est lézardée de bas en haut ; nous voulons savoir d'avance sur quel plan nous rebâtirons celle qui doit, un jour, nous servir d'abri. »

Or, Messieurs, voici que tous nous sommes d'accord sur le plan d'ensemble de l'édifice à construire, sur ses assises mêmes, sur ses fondations, sur ses murs-maîtres ; à peine reste-t-il à nous entendre sur certains détails de distribution et d'agencement des différents étages, en mettant à profit tout ce qu'il y a de bon et de vrai dans les observations qui se sont produites.

C'est à cette œuvre que nous vous convions en concluant.

Et nous vous demandons, suivant une habitude constante, de consacrer par un vote d'ensemble des délégués de l'Association les principes généraux des réformes constitutionnelles, dont la plupart ont été votés par vous et dont les autres dérivent, comme d'une source naturelle, de l'esprit qui a donné naissance à notre Association.

Il appartiendra, ensuite, à vos futurs Congrès de décider successivement quelle application vous entendez faire de ces principes généraux aux prescriptions de détail de la Constitution.

Ainsi vous pourrez présenter au pays un projet très étudié et que tous nous aurons à défendre avec la conviction de servir les intérêts de la Vérité, de la Justice, de la Liberté et de la Patrie.

Après la lecture du rapport qui précède et personne n'ayant demandé la parole pour la discussion, M. le Président donne lecture de la déclaration et du vœu suivants :

Le Congrès vote à l'unanimité les principes fondamentaux dont s'inspire le Projet de Constitution Libérale, principes qui sont les suivants :

1° Nécessité d'harmoniser les prescriptions constitutionnelles avec la loi morale et avec celles des lois physiques dont l'application est la plus favorable à l'homme, conséquemment aux sociétés ;

2° Reconnaissance de la République comme forme de Gouvernement acceptée par le pays ;

3° Réforme électorale, représentation proportionnelle, scrutin de liste, vote obligatoire et secret ;

4° Principe de la Décentralisation et du Régionalisme ;

5° Organisations professionnelles et conseils du travail ;

6° Constitution d'un pouvoir exécutif central et modification du mode d'élection et des attributions du Président de la République ;

7° Maintien du principe des deux Chambres avec représentation des intérêts par le Sénat ;

8° Établissement au sommet de l'organisation du pays d'une Cour Suprême protectrice des libertés publiques et gardienne de la Constitution ;

9° Droit de revision constitutionnelle ;

10° Le Congrès émet, en outre, le vœu qu'une Commission spéciale de cinq membres désignés par le Comité de Législation et de Contentieux et choisis parmi les membres de ce Comité soit adjointe au Comité d'Études Sociales pour collaborer à la préparation de rapports successifs sur chacun des titres du Projet de Constitution et de les soumettre aux Congrès ultérieurs, et ensuite au jugement de l'opinion publique.

Après cette lecture,

M. le Président demande si quelqu'un désire présenter des observations sur la déclaration et le vœu qui précèdent.

Personne ne demandant la parole, M. le Président met aux voix les déclarations et le vœu, qui sont adoptés à l'unanimité à mains levées. Il est ensuite procédé à une contre-épreuve qui demeure sans résultat et M. le Président déclare, en conséquence, que le Congrès Général a adopté à l'unanimité les déclarations et vœu relatifs au projet de Constitution Libérale.

DEUXIÈME SÉANCE

Vendredi après-midi

Présidence de M. Piou, député de la Lozère, président de l'*A. L. P.*

Au début de cette séance, consacrée à l'organisation intérieure des Comités de l'*A. L. P.* et à leur action sociale, M. Piou exprime ses douloureux regrets et ceux de l'*A. L. P.* tout entière de la mort prématurée de Paul Sévérac, le dévoué secrétaire général qui a rendu tant de services à notre œuvre et lui a légué un dernier bien : le *Manuel pratique des Comités* rempli des plus précieuses indications.

Lecture est ensuite faite du rapport de M. Laya, sur l'Organisation de l'*A. L. P.*

RAPPORT DE M. LAYA

L'Organisation cantonale.

Messieurs,

Depuis plusieurs années, depuis 1906 surtout, l'*A. L. P.* est en butte à des critiques et à des assauts incessants : ceux-là mêmes dont l'indifférence, la méfiance ou l'hostilité ont entravé ou paralysé ses efforts lui reprochent de n'avoir pas, en sept ans, sauvé la France, bouleversée par plus d'un siècle de révolutions. Ignorant ou feignant d'ignorer les résultats indéniables obtenus par notre organisation partout où elle avait les mains libres et où elle a pu se développer pleinement selon son plan d'action, ils nous imputent quelques insuccès retentissants dus précisément à l'absence ou à l'insuffisance de l'organisation ou aux divisions mêmes qu'entretiennent nos censeurs.

Ces attaques injustifiées, s'ajoutant au découragement et à la lassitude de quelques-uns, ont pu jeter un instant quelque désarroi dans nos rangs, ébranler et détacher de nous quelques esprits séduits par la perspective illusoire des solutions violentes. Ces défections ont été, en réalité, fort peu nombreuses, et les éléments populaires, c'est-à-dire les plus actifs et les plus dévoués, se groupent plus nombreux chaque jour autour de nous.

Vue d'ensemble.

Le chiffre des adhérents nouveaux s'est élevé cette année à 25.000, portant le total général de nos membres à plus de 230.000.

Plus de 220 sections nouvelles sont venues grossir la phalange de nos comités. Le Secrétariat Général, cruellement frappé cette année par la mort de notre ami si regretté Paul Sévérac, s'est reconstitué ; il s'efforce de développer et de perfectionner successivement les divers services.

Déjà e *Bulletin* a été transformé conformément au *referendum* des comités et tous nos efforts tendront à en faire de plus en plus un instrument pratique d'organisation et de propagande. Il faut que de leur côté tous nos amis, tous les groupes sachent l'utiliser et nous encourager en multipliant les abonnements dont le prix est maintenant à la portée de tous, en habituant les adhérents à nous envoyer leurs annonces et à se faire connaître ainsi les uns aux autres, en nous signalant les faits intéressant l'Association. Tous les comités comprennent et acceptent la nécessité de l'abonnement obligatoire, pour maintenir le contact avec le Comité-Directeur, et de la contribution de 0,01 par numéro trimestriel pour empêcher la non-distribution et les gaspillages inutiles.

De leur côté, un peu partout, sans bruit, nos amis perfectionnaient leur organisation, reformaient les groupes trop hâtivement constitués et en faisaient des organismes vivants, solides et agissants.

Les réponses à notre enquête nous permettent d'affirmer que les résultats électoraux ont été presque partout *exactement proportionnels au degré d'organisation locale* : excellents pour les onze départements de la région Lyonnaise où plus de 100 municipalités ont été conquises, à Grenoble, à Amiens, à Reims, à Lille; meilleurs dans le Midi et le Sud-Ouest; médiocres ou mauvais dans les localités de Bretagne et de Normandie où nous n'avions aucun groupe vraiment agissant.

N'en déplaise aux Cassandre des salons et des rues, les élections ont été une éclatante confirmation de ce que nous écrivions, dès la naissance de L'*A. L. P.*, dans le *Manuel de l'Organisation électorale* : « Avec une organisation sérieuse, méthodique, permanente, disposant de ressources suffisantes, c'est la victoire certaine, à plus ou moins brève échéance. Avec elle, il n'y a pas de circonscriptions imprenables, si mauvaises soient-elles, il y faudra seulement plus ou moins de temps et de persévérance. »

L'organisation.

Mais cet axiome expérimental nous impose à tous le devoir de susciter partout cette organisation libératrice et de substituer aux groupements de façade, aux bureaux inactifs, des comités et des chefs résolus et agissants selon un plan précis.

C'est pourquoi cette séance est consacrée à l'organisation. Nos derniers Congrès ont établi en quelque sorte la hiérarchie de nos groupes: le Comité-Directeur, les Comités régionaux, les Comités départementaux, les Comités cantonaux, ces derniers représentant l'unité la plus usuelle. L'étude approfondie de l'*organisation cantonale* s'imposait donc d'elle-même.

Le questionnaire volontairement très détaillé présentait le triple avantage de nous renseigner exactement sur la valeur offensive de chaque unité, de suggérer aux retardataires la volonté et les moyens de s'engager dans cette voie et de recueillir à l'intention de ces derniers les précieuses données de l'expérience.

Le nombre des réponses m'interdit de les exposer, même en les résumant: il m'a paru plus utile et plus intéressant pour tous de dégager le *type d'organisation cantonale* qui semble résulter de cette consultation.

Elle démontre une fois de plus que *les résultats électoraux sont presque toujours exactement proportionnels au degré d'organisation locale.*

Cette constatation nous impose à tous le devoir de susciter partout cette organisation libératrice et de substituer aux groupements de façade, aux bureaux inactifs, des Comités et des chefs résolus, agissant selon un plan précis.

L'application possible du scrutin de liste aux élections de 1910 rend plus important et plus urgent encore l'éclosion ou le perfectionnement des Comités départementaux et cantonaux qui seuls permettent de tirer tout le parti possible de chaque situation locale.

Que tous nos Comités, que tous nos amis se mettent donc à l'œuvre sans tarder !

Le Comité cantonal.

Entreprendre tous les cantons à la fois serait aller au-devant d'un échec certain.

Le bon sens conseille de débuter par le plus facile, c'est-à-dire par le canton où les chances de succès sont plus grandes et les éléments d'action plus nombreux.

Ce canton organisé servira de modèle aux autres et les entraînera par son exemple.

Une conférence, si éloquente soit-elle, ne peut, à elle seule, engendrer un Comité vivant et durable.

Trop souvent, les sections ainsi improvisées constituent leur bureau, réunissent des adhérents, puis ne donnent plus signe de vie : les adhérents ne voyant rien venir s'éclipsent un à un et le nouveau-né rentre insensiblement dans le néant. Ce n'est pas ainsi qu'on sauvera le Pays.

Pour créer un Comité digne de ce nom, il n'y a pas deux moyens; il n'en est qu'un : *découvrir, à quelque milieu social qu'il appartienne, l'homme intelligent, dévoué, populaire, méthodique et résolu qui imprimera au groupe une direction vigoureuse et le conduira au but contre vents et marées.* La difficulté est là et n'est que là.

Le chef trouvé et bien choisi, soldats et ressources viendront par surcroît. C'est là aussi une vérité d'expérience.

Presque partout, on le découvrira à force d'enquêtes, de démarches, de patientes recherches, d'instances répétées, en mettant à contribution toutes les influences locales.

Un *Bureau directeur* comprenant au moins un président et un secrétaire-trésorier, résidant autant que possible au chef-lieu, se réunissant régulièrement une ou deux fois par quinzaine; un *Comité* comptant de préférence un représentant de chaque commune, ayant sa réunion les jours de foires et de marchés; la *Section* embrassant l'ensemble des adhérents du canton, telle est d'ordinaire la charpente de l'organisme cantonal.

Le rôle du Bureau.

Le Bureau devra d'abord se documenter à fond sur la situation électorale exacte du canton, — sur les éléments d'action qu'il possède et ceux dont disposent les adversaires.

Dans ce but, il fera relever dans les bureaux des journaux amis, en remontant aussi loin que possible dans le passé, les résultats par commune de toutes les élections sans exception.

Avec l'aide de chaque représentant communal, il fera copier, étudier et pointer minutieusement la liste électorale de chaque localité, afin d'y découvrir des adhérents et des abonnés, les concours actifs et pécuniaires à solliciter, les électeurs flottants à éclairer, à ramener par la propagande et les services rendus, les auditeurs à convoquer utilement aux réunions, les candidatures à susciter, les alliances à contracter, les électeurs à faire inscrire ou rayer.

Sans cet examen préalable, ceux même qui s'imaginent bien connaître leur canton travailleront à l'aveugle.

Le Bureau se procurera, enfin, au Comité directeur quelques livres et manuels pratiques afin de pouvoir documenter les correspondants et adhérents.

Le Correspondant communal.

Le Bureau, aussitôt constitué, portera toute son attention sur le choix du représentant de chaque commune; ce travail de sélection a une importance majeure, car ce représentant est en contact direct et journalier avec la masse électorale.

C'est l'*homme de confiance* des catholiques allemands, le pivot et la base de leur organisation victorieuse; c'est lui qu'il faudra consulter sur l'opinion vraie des électeurs et dont il conviendra presque toujours de suivre les avis.

Il doit donc être aussi populaire, aussi dévoué, aussi intelligent que possible.

L'expérience et la direction du Comité cantonal suppléeront aux qualités qui lui feraient défaut.

A ce représentant communal la besogne ne manquera pas : — *recrutement et conservation des adhérents, perception des cotisations, services des abonnements à rendre*; organisation et surveillance du colportage du *Bulletin* de l'*A. L. P.* et des journaux amis; vente des almanachs, tracts, brochures; convocations; causeries et conversations de propagande; revision et pointage de la liste électorale; développement des œuvres sociales créées par le Comité cantonal, il n'aura que l'embarras du choix. Il fera ce qu'il pourra et s'efforcera de s'adjoindre des auxiliaires.

Ressources.

Tout cela exige plus de dévouement que d'argent; cependant, il importe de ne laisser aucuns frais à la charge du représentant communal.

Si les trois quarts des cotisations dont il a la libre disposition ne suffisent pas, le Comité cantonal s'ingéniera à créer des ressources, soit en obtenant quelques grosses souscriptions qu'il recueillera d'autant plus facilement que le groupe sera plus actif, — soit en organisant fêtes, concerts, conférences à projections, attractions payantes.

Il devrait même, dès le temps de paix, constituer un fonds de caisse électorale permanente qui lui permettra de faire face aux frais électoraux de son ressort.

S'il est réellement impossible au Comité cantonal de se procurer les fonds indispensables à son action, il appartiendra au Comité départemental de lui venir en aide, en faisant appel, au besoin, aux personnalités généreuses plus nombreuses dans les villes.

Tel est le *schéma* très incomplet, mais suffisant de l'*organisation cantonale* telle qu'elle se dégage des réponses des Comités qui ont conquis leurs éperons. Mais à quoi servent les plans les plus ingénieux, si l'homme ne se rencontre pas qui les mettra en œuvre?

Mettons-nous donc immédiatement à sa recherche dans chaque canton, dans chaque commune.

Il faut que notre beau Congrès de 1908 devienne le point de départ d'une germination rapide de Comités cantonaux actifs et durables, de représentants communaux qui rendront, à ceux qui l'ont perdue l'espérance et la foi au succès, donneront aux braves gens associés conscience de leur force et les conduiront progressivement à la victoire.

Desiderata.

Il ne me reste plus qu'à résumer les desiderata adressés au Comité directeur et les sujets proposés pour le Congrès de 1909.

Les desiderata se peuvent rattacher à deux chefs : Organisation — Services mutuels.

Organisation. — D'assez nombreux Comités voudraient que des tournées *régulières* et périodiques d'inspection soient organisées de telle façon que tous les Comités reçoivent au *moins une fois l'an* la visite d'un délégué du centre. Certains se plaignent de l'insuffisance du nombre de nos orateurs, parlementaires ou non, et réclament là aussi une réorganisation. On demande que discours et tracts soient soigneusement adaptés aux auditeurs et aux lecteurs qu'ils visent, ne se bornent pas à des critiques négatives et abordent des sujets intéressant personnellement et professionnellement agriculteurs ou ouvriers.

Plusieurs prônent avec juste raison les petits congrès départementaux qui permettent aux Comités et aux adhérents de se connaître et de concerter leur action.

Services mutuels. — Avec plus d'insistance d'année en année, quelques Comités expriment le vœu qu'à l'exemple du *Cercle militaire* et du *Touring-Club*, l'*A. L. P.* publie une liste des hôtels, restaurants et magasins adhérents consentant une remise aux membres de l'Association; certains désireraient qu'elle facilitât aux viticulteurs nos amis la vente de leurs vins en signalant leurs offres aux Comités.

Quelques-uns voudraient un bureau de placement par région et une entente ou fédération de tous les bureaux de placement de l'*A. L. P.* avec celui de Paris.

Un autre, à l'exemple des Belges, sollicite la création d'un bureau centralisant les abus, en vérifiant l'authenticité, en saisissant ensuite la presse et le groupe parlementaire.

Pour faciliter les relations entre les Comités, qui trop souvent s'ignorent, d'aucuns jugent indispensable la communication par le secrétariat central à tout Comité régulier de la liste complète de tous les Comités de France avec l'adresse de leur secrétaire.

Enfin, beaucoup réclament la constitution d'un fonds électoral et de propagande *permanent* permettant de ne pas abandonner sans combat le champ de bataille, aux élections partielles, et de faire face aux éventualités imprévues.

Congrès de 1909.

Voici les sujets que les Comités désireraient voir traiter au Congrès de 1909; nous n'aurons que l'embarras du choix :

1° L'attitude politique et sociale de l'*A. L. P.* aux élections de 1910;

2° Les partis d'opposition. — Ce qu'ils sont. — Ce qu'ils devraient être;

3° L'*organisation* et la représentation *professionnelles*;

4° L'assistance aux vieillards. — Les salaires. — Le travail des femmes dans les usines;

5° Le bien de famille et la liberté de tester;

6° La Franc-Maçonnerie;

7° La propagande par la presse;

8° Le fonctionnarisme. — Diminution des impôts de frais de justice. — L'indemnité parlementaire;

9° Les libertés municipales;

10° L'amélioration du sort des travailleurs agricoles.

TROISIÈME JOURNÉE

Samedi 5 Décembre 1908.

Après quelques mots de bienvenue à la très nombreuse assistance, le Président donne la parole au rapporteur sur la question des Associations de Pères de Famille.

RAPPORT SUR LA QUESTION DES ASSOCIATIONS DE PÈRES DE FAMILLE

MESSIEURS,

Le devoir et le droit de diriger et surveiller l'éducation et l'instruction des enfants sont l'un des principaux attributs de la puissance paternelle. Cette éducation est pour les parents une obligation qui a sa source très haute dans le droit naturel et que le droit civil de tous les peuples a pris soin de consacrer.

En France, l'article 203 du Code Napoléon impose aux pères et mères l'obligation d'élever leurs enfants, et l'article 372 maintient expressément ceux-ci sous l'exclusive autorité paternelle jusqu'à l'âge de la majorité ou jusqu'à l'émancipation. De la combinaison de ces deux dispositions découlent les devoirs et les droits du père de famille dérivés de la loi morale et affirmés par la loi écrite.

La puissance paternelle se rattache ainsi essentiellement à l'ordre public dans les sociétés humaines et les jurisconsultes de tous les temps et de tous les pays sont unanimes à la proclamer inaliénable et intangible; mais elle a une origine supérieure dans la loi morale qui vient de Dieu, et, suivant la forte expression de la Déclaration de l'Épiscopat français, le père et la mère, en élevant l'enfant, « continuent de le mettre au monde ».

Tels sont les principes.

Mais si profondément gravés qu'ils soient dans la conscience humaine, si expressément édictés qu'ils soient dans le droit écrit actuel de la France, il s'est rencontré, dès autrefois, des hommes qui les ont niés. Dans notre pays, un philosophe néfaste qui fut à la fois un père détestable et un sophiste éloquent, J.-J. Rousseau, a écrit dans le second chapitre de son *Contrat social* : « Les enfants ne restent liés au père qu'aussi longtemps qu'ils ont besoin de lui pour se conserver. Sitôt que ce besoin cesse, le lien naturel se dissout. Si le père et l'enfant continuent de rester unis, ce n'est plus naturellement, c'est volontairement, et la famille elle-même ne se maintient que par convention. » Audacieux défi au Décalogue et à l'Évangile, cette théorie aussi absurde qu'odieuse devait pourtant faire son chemin dans notre France chrétienne ! La plupart des hommes de la Révolution, imbus des idées de Rousseau, l'adoptèrent.

« Il est temps, s'écriait Danton, de rétablir ce grand principe qu'on semble méconnaître, que les enfants appartiennent à la République avant d'appartenir à leurs parents... Qui me répondra que les enfants travaillés par l'égoïsme des pères ne deviennent dangereux pour la République ? C'est dans les écoles nationales que l'enfant doit sucer le lait républicain. »

« La Patrie seule, disait Robespierre, a le droit d'élever les enfants ; elle ne peut confier ce dépôt à l'orgueil des familles, ni aux préjugés des particuliers ».

L'abbé Grégoire surenchérissait : « Il faut que l'éducation s'empare de la génération qui naît, qu'elle aille trouver l'enfant sur le sein de sa mère, dans les bras de son père ». Et Le Bon concluait : « Il faut remplacer les pères et les mères par une éducation commune obligée. »

Soldat de génie, mais soldat avant tout, Bonaparte lui-même qui présidait à trente ans le Conseil d'État chargé d'élaborer notre Code civil, soutenait brutalement la même opinion. Sa parole éclatait, concise et tranchante comme un commandement militaire : « Le père et la mère, disait-il, ont naturellement un grand pouvoir sur l'enfant qui est leur ouvrage ; il est juste cependant que la société à laquelle l'enfant appartiendra un jour exclusivement prenne garde comment le père en dispose. » Il ne fallait rien moins que l'autorité d'hommes tels que Portalis, Tronchet, Maleville, animés des meilleures intentions, éclairés des plus austères principes, pour résister au jeune et prestigieux Premier Consul maître du jour, et pour formuler dans une loi humaine l'obligation que la Loi Morale, soit écrite dans le Code divin, soit imprimée dans la conscience humaine, impose à l'enfant, quel que soit son âge, d'honorer ses père et mère et à ceux-ci de veiller sur lui.

Historiquement dès lors, on ne songea guère à contester le principe de la puissance paternelle et le droit pour le père de « se prolonger et se survivre, aussi bien moralement que physiquement en son fils ». Ce restera même l'honneur de la deuxième République d'avoir proclamé ce droit en édictant la Loi sur la Liberté de l'Enseignement, loi dont Lacordaire a pu dire, dans son testament publié en 1870 par le comte de Montalembert, qu'elle a été « l'Édit de Nantes du XIXe siècle ». Il ajoutait avec une éloquence grandie par cette double vue que semble parfois donner à l'homme l'approche de la tombe : « Il y a des points dans l'histoire des peuples qu'on ne doit plus remuer ; l'*Édit de Nantes* en était un, la Loi sur la *Liberté de l'Enseignement* en est un autre. Louis XIV, dans toute sa gloire, n'a révoqué l'Édit de Nantes qu'en déshonorant son règne, en préparant le XVIIIe siècle et la ruine de sa maison. »

Au prix de quel abaissement du pays, de quelle rançon morale et matérielle, de quelle ruine irrémédiable nos maîtres du jour achèveront-ils de révoquer cet Édit de Nantes de 1850, dont parlait Lacordaire, de soustraire le père, le citoyen, à ses devoirs naturels, de lui arracher son droit le plus sacré ?

Sera-ce actuellement le parti qui exerce le pouvoir politique sous la République qui, par sa chute, paiera cette rançon à la Vérité ? Sera-ce, au contraire, la France qui, par une décadence de plus en plus profonde, s'acheminera vers la désagrégation finale? Dieu seul le sait ; mais le devoir de tout bon citoyen est de se dresser devant les dangers que la suppression de la Liberté de l'Enseignement ferait courir au pays.

Les hommes, qui ont été, tour à tour, placés à la tête de notre troisième République, ont répudié le libéralisme de sa devancière et repris pour leur compte la conception révolutionaire et césarienne de l'éducation. Après avoir chassé Dieu de l'école, sous le prétexte d'une utopique neutralité, ils font tendre tous leurs efforts à la réalisation du monopole de l'enseignement par l'Etat. Mais l'hypocrisie même de leurs procédés les classe bien au-dessous des hommes de la Convention qui avaient, du moins, le mérite d'une audacieuse et cynique franchise. Que parlent-ils de neutralité, lorsqu'ils savent comme tout le monde que le maître ne peut pas être neutre vraiment, et que l'Etat ne peut l'être qu'en respectant la Liberté d'enseignement, corollaire indispensable de sa neutralité.

Mesurez, Messieurs, le chemin lentement parcouru en ces vingt-cinq dernières années, en une sorte d'investissement progressif et souterrain du droit et de la Liberté.

En 1883, Jules Ferry écrivait aux instituteurs :

« Vous êtes les auxiliaires et, à certains égards, les suppléants des pères de famille ; parlez donc à leurs enfants comme vous voudriez que l'on parlât aux vôtres, avec force et autorité, toutes les fois qu'il s'agit d'une vérité incontestée, d'un principe de la morale commune, avec la plus grande réserve, dès que vous risquez d'effleurer un sentiment religieux dont vous n'êtes pas juges.

« Si parfois vous étiez embarrassés pour savoir jusqu'où il est permis d'aller dans votre enseignement moral, demandez-vous si, à votre connaissance, il se trouve un seul honnête homme qui puisse être froissé par ce que vous allez dire.

« Demandez-vous si un seul père — je dis un seul — présent à votre classe, et vous écoutant, pourrait, de bonne foi, refuser son assentiment à ce qu'il vous entendrait dire. Si oui, abstenez-vous de le dire. Vous ne toucherez jamais avec trop de scrupules à cette chose délicate et sacrée qu'est la conscience de l'enfant.

« Les instituteurs prennent les enfants tels qu'ils leur viennent, avec leurs idées et leur langage, avec leurs croyances qu'ils tiennent de leurs familles ; ils ne doivent se substituer ni au prêtre, ni au père de famille, mais joindre leurs efforts aux leurs pour faire de l'enfant un honnête homme. »

A cette époque, certains esprits pouraient se laisser prendre à l'illusion d'un pareil langage, mais il a été démontré par la suite combien il était utopique et les faits ont prouvé que cette conception du rôle de l'instituteur était irréalisable. En effet, entre la vérité et l'erreur il n'y a pas de zone intermédiaire où l'instituteur puisse prendre place.

Vingt-deux ans après, en 1905, un inspecteur primaire, encore en fonctions aujourd'hui, M. de Frenne, qui se donne menteusement pour l'écho de ces éloquentes paroles, écrivait dans une revue scolaire très répandue : « Déclarer que l'éducation est l'art de faire des hommes honnêtes, c'est affirmer qu'on sait ce que c'est qu'un honnête homme. Nous savons ce que vaut cette prétention. »

On le voit, M. de Frenne nous demande qu'est-ce qu'un honnête homme, comme Pilate demandait au Christ : « Qu'est-ce que la Vérité ? »

D'étape en étape sur cette voie qui va de la plus haute des libertés à la plus basse des servitudes, on aboutit à l'enseignement scandaleux de l'instituteur Morizot que les autorités judiciaires supérieures du pays viennent de flétrir avec une froide justice sous laquelle ne se dissimule pas une chaude et patriotique indignation.

Mais c'est l'honneur, Messieurs, et ce restera l'honneur de l'*A. L. P.* d'avoir dès la première heure, et toujours au premier rang, contre les maçons démolisseurs, contre les primaires d'en haut et d'en bas, protesté et combattu le front haut et la poitrine découverte pour la famille, pour la Justice, pour la Liberté, pour la Patrie, pour Dieu.

Dès 1905, au Congrès de Paris, MM. de Boissieu et Lenoir affirmaient éloquemment l'utilité des associations de Pères de famille et le droit primordial de ceux-ci de veiller sur l'éducation et sur l'instruction de leurs enfants, l'instituteur ne devant être en réalité que le mandataire des parents.

En 1907, au Congrès de Bordeaux, M. Papillon mettait en lumière les avantages des associations de Pères de famille, gardiennes de notre patriotisme et de notre foi.

En 1908, après un rapport communiqué au Comité Consultatif de Contentieux et de Législation de notre grande Association, par l'un des plus éminents de ses membres, M. Sabatier, M. Challamel publiait sur le même sujet une étude lumineuse de doctrine et de pratique; son irréfutable et magnifique plaidoyer contre la violation de l'autorité légitime du père de famille, contre le viol de la conscience de l'enfant, fait ressortir la nécessité pour les parents de se grouper pour la défense de leurs droits et de leur autorité légitime, et de puiser dans l'association une force qui ferait défaut à l'effort individuel isolé.

Sur cette grave question, Messieurs, vos comités ont été consultés et l'analyse de leurs réponses, objet du rapport que j'ai l'honneur de vous soumettre, est trop simple pour que je retienne longtemps votre attention.

Tous ceux de vos comités qui ont répondu au questionnaire qui leur a été adressé proclament l'utilité de la création d'associations conformes à la loi de 1901, associations ayant pour objet d'assurer à l'école le respect des droits du père de famille; tous reconnaissent que ces associations ne doivent pas se borner à assurer la neutralité religieuse de l'instituteur, mais qu'elles doivent également assurer le respect de la Liberté de conscience et du patriotisme et veiller à l'éducation et à l'instruction morale des enfants dans l'école.

On peut dire aussi qu'à l'unanimité vos comités estiment que la bienveillance la plus large doit animer les associations de Pères de famille à l'égard de l'instituteur, tout au moins au début des rapports qu'elles auront avec lui. Le contrôle doit être prudent, mais sûr, et l'association ne devra rompre avec le maître et agir contre lui que lorsque, par sa conduite ou son enseignement, il donnera de justes sujets de plaintes.

Presque toutes les réponses reçues se prononcent, enfin, pour la création d'associations cantonales, de préférence à des associations communales, et, bien que les circonstances locales soient, en cette matière, les guides les plus sûrs, on incline à penser que le groupement par commune n'offrirait pas une résistance suffisante et pourrait trop aisément être vicié et dénaturé par les animosités personnelles qui naissent trop souvent à l'ombre des petits clochers.

Concluons en disant que l'enquête à laquelle il a été procédé par l'A. L. P. affirme unanimement la nécessité, et presque unanimement, l'opportunité de multiplier, dans le pays, les associations de Pères de famille et d'en favoriser le développement et le fonctionnement.

Ce ne sont pas les lois en préparation dont nous sommes menacés qui pourront entraver un pareil élan de volontés. Si outrageusement draconiennes soient-elles, au jour de leur promulgation, ces lois seront impuissantes à supprimer la conscience des Pères de famille de France et à anéantir leurs droits primordiaux. Elles ne pourront rien contre la force de cohésion que décuplera et centuplera l'application strictement légale du droit d'association, et nous avons la ferme espérance, plus que l'espérance, la certitude, que la loi de 1901, nouvelle lance d'Achille, après avoir blessé notre pays au cœur, en lui arrachant brutalement les meilleurs et les plus consciencieux de ses éducateurs, le guérira plus tard de sa cruelle blessure.

Après une discussion à laquelle ont pris part MM. Challamel, avocat à la Cour, le baron Oudet-Lachambre, le colonel Dutheil de la Rochère, Demartial, Hardouin, l'abbé Garnier et Piou, Président de l'A. L. P., le président propose simplement à l'assemblée de voter sur le vœu suivant qui est adopté à l'unanimité :

Le Congrès,

Considérant que l'autorité du père de famille sur son enfant, que son droit et son devoir d'en diriger et surveiller l'éducation et l'instruction constituent une prérogative, qui a sa source dans la loi morale et le droit naturel, et découle également de la loi écrite et du droit civil;

Considérant que, sans contester le rôle de l'Etat dans la direction de l'enseignement public, les droits sacrés du père lui permettent de contrôler cet enseignement et d'en assurer la conformité avec la liberté de conscience, la morale et le patriotisme :

Emet le vœu que les Associations cantonales de pères et mères de familles soient multipliées le plus possible dans le pays, et que les adhérents de l'A. L.P. en favorisent partout la création et le développement; que ces associations ne cessent pas de s'inspirer à la fois d'un esprit de large tolérance, de bienveillante courtoisie à l'égard des maîtres et de la plus grande fermeté à faire respecter la conscience des élèves, l'autorité paternelle, les droits de la famille, la loi morale et le culte de la Patrie; qu'elles assurent l'éducation morale et religieuse au sein de la famille elle-même;

Qu'enfin les associations existantes, et celles qui se fonderont à l'avenir, forment entre elles des unions départementales ou régionales conformes à la loi de 1901 et adhèrent à la Fédération générale des groupements français de Pères de Famille.

DEUXIÈME SÉANCE

Samedi après-midi

Présidence de M. LAMY, député du Morbihan

Le président donne la parole au Rapporteur sur la question de défense du petit commerce :

RAPPORT SUR LA QUESTION DE DÉFENSE
DU PETIT COMMERCE

MESSIEURS,

La question du petit commerce et de la petite industrie, de son relèvement et de son maintien, est plus actuelle que jamais. Une crise redoutable sévit depuis longtemps, avec une intensité particulière et inquiétante sur toute une catégorie de nos concitoyens.

Depuis longtemps déjà, l'A. L. P. préoccupée de cet état de malaise avait voulu publiquement manifester sa sympathie et son intérêt à ces contribuables que le Pouvoir ignore toujours quand il s'agit d'accorder ou de distribuer des faveurs, et qu'il n'oublie jamais quand il s'agit de leur imposer des charges chaque jour plus lourdes à supporter : ces petits commerçants, que le parti socialiste se plaint publiquement de rencontrer devant lui comme un obstacle et une barrière, et dont il rêve cependant de conquérir les suffrages, ont trouvé en vous depuis longtemps un appui véritable. Il y a quelques années, d'accord avec les Unions Fédérales, sur l'initiative de MM. Flornoy et Perrin, à l'issue d'une réunion où M. Piou, M. de Gailhard-Bancel et M. Reille avaient été faire entendre leurs voix éloquentes, un premier questionnaire était adressé à nos Comités. Les Unions Fédérales en groupant un grand nombre de commerçants et d'industriels, en favorisant la solidarité commerciale, ont obtenu des résultats réels et ont apporté une contribution importante à l'étude des problèmes les plus actuels et les plus graves. L'A. L. P. était donc heureuse d'unir ses efforts à ceux des Unions Fédérales, mais elle a pensé que l'heure était venue de donner à cette admirable classe des petits commerçants une preuve nouvelle de sympathie et d'encouragement, elle a décidé de mettre à l'ordre du jour de son Grand Congrès national la question qui nous occupe aujourd'hui.

Vous rappellerai-je encore qu'au dernier Congrès de la Fédération des groupes commerciaux et industriels de France, où fut rédigé le programme général économique qui synthétise les aspirations et les revendications des représentants des classes moyennes, un rôle prépondérant fut joué par l'un des vôtres, par M. de Paloméra, le vaillant promoteur des groupes commerciaux et industriels dans toute la région des Charentes et du Poitou ?

Par le questionnaire qui vous était adressé, nous cherchions en résumé, en provoquant vos réponses, à démêler les causes de la crise actuelle, à connaître les aspirations des intéressés, à rechercher enfin les moyens de sauvegarder les droits et les intérêts menacés.

Les causes de la crise sont multiples, les unes inhérentes à la force même des choses, les autres imputables aux commerçants eux-mêmes. Sur les premières, l'unanimité de vos appréciations est significative. La concurrence faite aux petits commerçants par les grands magasins, par les sociétés coopératives de consommation, principalement par les coopératives de fonctionnaires, même par les syndicats agricoles en certains cas, souvent aussi par les économats des grandes compagnies et des grandes sociétés, les agissements répréhensibles des déballeurs et marchands forains ambulants, des commissaires-priseurs se livrant à la vente à l'encan de marchandises neuves, de ces représentants de commerce clandestins, presque tous fonctionnaires de l'État et drainant à leur profit toutes les affaires locales, les manœuvres de certains commerçants assez peu scrupuleux pour procéder à des liquidations commerciales fictives, l'existence des sociétés anonymes de vente à crédit par abonnement, la diffusion des timbres-primes commerciaux, le travail à vil prix dans les prisons, ouvroirs et orphelinats, l'insuffisance de la protection législative spécialement en matière de patente, ou dans les droits sur les objets fabriqués, les craintes trop légitimes que suscite aujourd'hui la discussion de l'impôt sur le revenu, la crise économique que traversent les États-Unis d'Amérique apparaissent comme autant de causes, pesant d'un poids écrasant sur le petit commerce.

Les conséquences d'un tel état de choses sont faciles à deviner, et dans son rapport sur le Budget du commerce en 1905, M. Georges Berry s'est appliqué à les bien dégager. Elles amènent à constater une altération dans la qualité des marchandises, un avilissement dans le salaire des ouvriers, dont les patrons pressurés eux-mêmes par les grandes entreprises ne peuvent plus supporter certaines charges : il s'en suit encore une diminution dans le nombre des comptoirs provoquée soit par la ruine des propriétaires de boutiques réduits à la faillite ou à la liquidation, soit par l'émigration incessante vers les villes, soit par un excès corrélatif et toujours croissant du fonctionnarisme ou du favoritisme électoral.

Dans tous les cas, le contre-coup inévitable de ces crises provoque à la fois un accroissement de la cote mobilière pour les commerçants qui résistent à la crise et une diminution des produits de la patente pour le budget de l'État.

A côté de ces causes de malaise auxquelles le bon vouloir des commerçants ne saurait rien opposer, il en est d'autres, également décisives, plus décisives peut-être et dont les commerçants pourraient eux-mêmes conjurer les effets : elles sont inhérentes aux défauts traditionnels de cette classe. Avec une sévérité peut-être bien rigoureuse vous lui reprochez en certains cas sa nonchalance, son inertie, sa routine, son individualisme farouche, sa conception trop étroite des intérêts généraux, sa méconnaissance de l'esprit d'association, son indiscipline, son instabilité.

On peut reconnaître, en effet, qu'une erreur fondamentale des petits commerçants français est de moins avoir songé à se fortifier eux-mêmes qu'à affaiblir leurs concurrents : ils ignorent délibérément le sentiment de la discipline dans l'association. Cet état d'esprit contribue à les annihiler chaque jour davantage et aggrave la crise mortelle dans laquelle ils se débattent.

Il faut, nous semble-t-il, examiner en toute franchise et impartialité le problème bien en face. Si intéressante que soit la classe menacée, il faut lui dire que, dans ses doléances, il en est aujourd'hui de surannées ou de stériles. Il est à notre époque un fait d'observation, qu'il serait puéril de nier et de contester, et dont les conséquences, si dures soient-elles, doivent être envisagées avec calme ; nous parlons de la concentration commerciale, industrielle et financière, qui peut avoir des inconvénients, mais qui tient en partie à un phénomène plus général de progrès et en particulier au développement continu des moyens de communication et du machinisme, et à l'extension chaque jour plus grande des découvertes scientifiques. Mais enfin, cette centralisation commerciale, cette accumulation des capitaux dans les mêmes mains, ces grands magasins d'une importance plus colossale tous les jours, ces sociétés anonymes si puissantes et qui semblent en apparence broyer le petit commerce vont-elles le faire disparaître ?

Messieurs, en réalité cette classe moyenne, dont Karl Marx prédisait la disparition déjà il y a plus de soixante ans, qui souffre dans la gêne et le malaise, qui lutte et semble en apparence prête à succomber sous l'effort, cette classe moyenne ne disparait pas, loin de là; les statistiques sembleraient attester au contraire que le nombre des petits commerçants augmenterait plutôt. Il faut s'en féliciter, la concentration exagérée pouvant en effet devenir un jour une étape vers le collectivisme, et la parole de Karl Marx pouvant alors se réaliser : « Il est possible d'exproprier cent gros capitalistes : il n'est pas possible d'exproprier cent mille petits capitalistes. »

Toutefois, comme la crise actuelle s'aggrave, elle risquerait en se prolongeant encore de frapper à mort les petits commerçants, si, dans un instinct sauveur de conservation, ils ne comprenaient pas qu'ils ont désormais à se transformer et à se plier, quoi qu'il arrive, aux conditions inéluctables de la grande évolution économique et sociale que traverse aujourd'hui le monde entier. C'est ce que vous avez parfaitement compris et, forts de cette conviction, persuadés comme vous l'êtes que le maintien des classes moyennes est plus désirable que jamais, vous avez étudié les remèdes et les moyens que vous supposez les plus efficaces pour sauvegarder leurs droits et leur existence.

Faut-il nous demander d'abord ce que deviendrait M. Caillaux si jamais ces classes moyennes étaient réellement menacées? Dans un jour de franchise n'a-t-il pas avoué qu'il comptait spécialement sur elles pour supputer les fantaisies de son nouvel impôt sur le revenu?

En présence de l'évolution actuelle, l'association seule nous donnera la solution du problème économique : l'association qui provoque l'union entre les patentés est le seul remède efficace, il faut l'employer sans crainte. Que les patentés organisent en commun leurs achats et leurs ventes. On se rend aisément compte que des sociétés de vente en commun offrent aux détaillants qui en font partie les avantages que procurent les vastes magasins en commun ou les comptoirs de commande. Suivant une forte parole, les futurs groupements devront « exercer sur les commerçants isolés une force d'attraction croissante et pour le plus grand bien du pays condenser une multitude de velléités éparses en un solide noyau de volontés accumulées (1) ».

Pourquoi n'arriverait-on pas à organiser, par régions, un office central à échelons successifs, c'est-à-dire un office régional, départemental, communal administré par des commerçants locaux, s'adressant directement aux producteurs et procurant aux détaillants ainsi réunis un bénéfice sensible à la base initiale de leurs opérations?

Une fois groupés, les commerçants deviendront une force avec laquelle on devra compter, un nombre auquel certains avantages seraient concédés, soit en matière de transport, de crédit ou de fabrication; ils deviendront une puissance qui exigera la répression des fraudes; on saura se débarrasser des intermédiaires; ils pourront par exemple constituer une organisation coopérative de crédit mutuel, permettant de diminuer les exigences des usuriers et de refuser les conditions draconiennes dans les prêts.

C'est à l'association des petits intérêts menacés de tenir en échec la concurrence qui voudrait tout écraser et broyer sur sa route; c'est à la centralisation

(1) Discours de Poincaré. Fédération des Détaillants, juin 1908.

intelligente des capitaux modestes, ainsi qu'on l'a dit, de contenir dans les bornes voulues les prétentions oppressives du grand magasin.

Il faut faire trêve aux rivalités étroites et mesquines, et réaliser l'union féconde par groupement de spécialités. Les petits commerçants arriveront ainsi à limiter volontairement la concurrence, à réduire les frais généraux, à exécuter rapidement les commandes et d'une manière générale à satisfaire leur clientèle par la scrupuleuse qualité de leurs produits.

Ainsi réunis, les petits commerçants pourront étudier ensemble, comme le leur conseillait M. Perrin (1), les moyens de promouvoir toutes ces œuvres professionnelles et coopératives qui deviennent aujourd'hui le complément nécessaire de toute organisation stable et durable, qu'il s'agisse d'apprentissage, de mutualité, de centres de renseignements commerciaux et de publicité ou d'œuvres d'enseignement. Ils pourront aussi, à l'exemple des Belges, provoquer des expositions industrielles et commerciales, créer des cours de perfectionnement commercial, rassembler des statistiques de production, grouper les renseignements qui leur sont utiles.

Défendez-vous, disait M. de Cuyper (2), un des meilleurs défenseurs du petit commerce en Belgique, dans le pays qui a peut-être le mieux organisé la défense des classes moyennes.

« Défendez-vous non en opposant à la concurrence des coopératives de nouvelles coopératives de boulangers, d'épiciers, de marchands de confection, mais en usant de l'association qui se prête à tous les besoins, tantôt pour l'achat en commun de matières premières, tantôt pour la constitution de syndicats de vente, pour l'exploitation d'un atelier en commun, pour l'acquisition de machines. »

N'était-ce pas la même parole que, tout dernièrement à la Chambre dans un discours très remarqué, faisait entendre M. de Gailhard-Bancel, conjurant les représentants du petit commerce d'orienter de plus en plus leurs syndicats dans le sens de la défense de leurs intérêts à la fois professionnels et économiques ? (*J. O.*, 12 novembre 1908.)

Ces conseils commencent à être compris et de toute part aujourd'hui, très encouragées par les facilités que leur a données la loi de 1901, surgissent les ligues et les unions commerciales locales. Elles forment le milieu où les commerçants apprennent à se connaître, elles abritent et font naître ces institutions de toutes sortes qui neutralisent les effets meurtriers de la crise. Qu'il s'agisse d'assurance, de caisses de crédit mutuel, de sociétés en vue de l'achat et de la vente, de réclames collectives, ces sociétés peuvent jouer un rôle prépondérant et salutaire ; elles favorisent le règlement amiable des contestations au moyen d'arbitrages rapides ; elles créent à l'occasion des services de vérification collective de lettres de voiture ou de bordereaux d'impôts ; elles organisent le groupement des colis postaux expédiés sur un même réseau, dans un même centre ; elles luttent contre les concurrents en fraudes ; bref leur champ d'action est illimité, et si leur activité se poursuit méthodique et concentrée, les résultats seront considérables.

Elles représentent enfin les intérêts du petit commerce auprès des pouvoirs publics et pourront amener les gouvernants à prendre l'initiative des mesures législatives nécessaires.

Les commerçants en se groupant auront une action certaine sur le Parlement. Il est évident que soit contre les forains, les fonctionnaires commerçants, les ventes à l'encan illicites, les liquidations frauduleuses, certains remèdes législatifs se conçoivent, peuvent et doivent être victorieusement employés. Ces ligues pourront utilement aussi en certains cas faire entendre leurs voix et faire triompher leurs légitimes réclamations, qu'il s'agisse du

(1) Lettre à la *Presse* du 17 avril 1908.
(2) Congrès international de la Petite Bourgeoisie tenu à Anvers, 1889.

repos hebdomadaire, normalement appliqué, de la loi des patentes ou de l'impôt sur le revenu. Ce dernier impôt mettrait désormais les petits commerçants à la merci des commissions administratives, chargées de les taxer au gré des passions politiques et influences locales. Ces ligues pourront enfin contribuer à répandre, à généraliser et à réaliser ce programme général économique dans lequel les groupes industriels et commerciaux de France ont condensé leurs aspirations et leurs doléances.

Le succès de toutes ces unions dépend sans doute de leur développement et de leur nombre chaque jour plus considérable. Il dépend surtout de leur unité d'action, de leur discipline, de leur organisation ; il faut établir entre elles un lien de solidarité puissante et effective.

Enfin les commerçants doivent être groupés non seulement pour lutter dans un but de résistance, mais aussi pour s'instruire, dans un but de formation générale et technique et d'éducation. Désormais, le succès dépend en partie d'eux-mêmes, c'est-à-dire de leur formation intellectuelle et professionnelle.

La vie commerciale sollicite des énergies nouvelles. Les procédés de vente surannés et la routine, les systèmes défectueux de réclame et d'échantillonnage sont inconciliables avec les exigences modernes.

Le petit commerçant, suivant la forte expression de M. Blondel, doit lutter contre « l'engourdissement de ses propres énergies et comprendre sans faiblir, sans crainte, les transformations économiques du monde ». Aujourd'hui de nouveaux trésors peuvent être découverts, il faut aller à leur conquête. Les commerçants tenus à l'écart de l'évolution commerciale contemporaine n'ont pas reçu l'éducation qui leur convenait.

Même un petit commerçant doit s'occuper de toutes les questions de transport, de change, de tarif, de navigation, de politique extérieure qui ont sur sa vie et sa profession une répercussion si profonde.

L'enseignement commercial est insuffisant. Certes, la pratique est indispensable et rien ne la remplacera, mais elle ne suffit pas. Le commerce devient une science et le secret du succès et de la prospérité, dans les pays où ne sévit pas la rude crise dont nous souffrons, tient en partie à la supériorité de l'enseignement commercial.

Que les petits commerçants, par l'association, par la puissance née de toute action concertée et méthodique, rétablissent l'équilibre des forces ; que faisant appel à leur intelligence, à leur clairvoyance, à leur patriotisme, ils cultivent davantage leur formation technique, professionnelle et personnelle ; que plus confiants en eux-mêmes, ils aillent sans crainte vers le progrès qui ne s'arrêtera pas, et que loin de la redouter, ils aiment, ils ai[l]ent cette admirable loi du progrès et de la vie qui élargit sans cesse le cercle des horizons infinis où se meuvent nos existences ; que sachant allier la force et la puissance de l'épargne et la mise en valeur des découvertes et de la science, ils deviendront chaque jour davantage une des meilleures forces sociales, morales et civiques du pays, une des réserves les plus sûres de cette sève qui fait les nations robustes et saines. « Les intérêts matériels dont les petits commerçants ont la garde, disait un homme d'État considérable (1), sont d'autant plus respectables qu'ils traduisent en une substance concrète de grands intérêts moraux, la sécurité du travail, la libre élasticité de l'effort individuel, le perfectionnement de l'intelligence, la culture de la volonté, tout ce qui contribue à la dignité et à la noblesse de l'homme, tout ce qui fait que la vie mérite d'être vécue. »

Le milieu du petit commerce est une admirable école de responsabilité. Le maire radical-socialiste de Lyon convenait lui-même « que la masse des petits commerçants pour la plus grande part collaborent à libérer le travailleur ». Il résulte d'un travail fait en 1900 pour l'Exposition que, sur les 1.000 maisons lyonnaises, les plus puissantes (100 à peine) comptaient deux ou plusieurs géné-

(1) Poincaré. Discours à la Fédération des Détaillants, juin 1909.

rations d'existence : plus de 900 avaient été constituées par des hommes nouveaux, employés ou ouvriers intelligents et énergiques, évadés la plupart de ces classes moyennes qui forment la pépinière où se cultivent sans cesse et se conservent les fortes qualités de la race. Le petit commerce, dites-vous, sera parfois l'échelon nécessaire, l'arrêt utile de cette étape qui permet aux prolétaires intelligents, économes et travailleurs d'arriver au sommet de l'échelle sociale.

Le devoir de tous est d'aider au développement et à la solidité de cette branche importante de notre activité nationale. Les pouvoirs publics ont un rôle à remplir : ils ont, au point de vue législatif, à tenir compte des réclamations légitimes qui leur sont adressées et à édicter les lois nécessaires ; ils ont surtout à favoriser l'essor et le développement des initiatives privées. La nécessité de créer un organisme s'occupant du petit commerce, de créer en un mot l'équivalent de cet Office de classes moyennes institué en Belgique le 15 juillet 1906, est démontrée.

Cet office est un centre d'informations et de renseignements, on y groupe toutes les indications susceptibles d'être utiles aux petits négociants et industriels, questions techniques de métiers, questions professionnelles en matière d'enseignement, apprentissage, concurrence, représentation des intérêts, transports, crédits, questions générales de mutualité coopératives, questions de législation comparée. Il importe aujourd'hui de remplir le rôle que le Gouvernement uniquement préoccupé d'intérêts électoraux méconnait et oublie. Par la presse et par la parole, dans le pays comme au Parlement, l'. *A. L. P.* prenant en main la cause abandonnée des classes moyennes s'appliquera à faire comprendre le malheur que serait pour le pays la disparition du petit commerce et de la petite industrie. Aux commerçants eux-mêmes elle rappellera que si leur disparition était un malheur social, leur conservation ne saurait être un bienfait que sous certaines conditions ; elle leur rappellera qu'ils ont à lutter, à se former et à s'instruire ; elle leur rappellera que l'association professionnelle a fait des miracles en Belgique et en Allemagne et que, en employant le même moyen, des miracles semblables se reproduiront chez nous ; elle leur rappellera en un mot les conseils que M. Piou, avec cette forte éloquence qui réchauffe les âmes, dans la première rencontre avec les Unions Fédérales, donnait aux commerçants assemblés devant lui.

« L'association est le grand instrument de salut. La législation, en nous condamnant à l'individualisme, nous a condamnés à n'être qu'une poussière. Il faut en sortir : on n'en peut sortir que par l'association dont les syndicats sont les types parfaits. Vous faites la meilleure des œuvres sociales par toutes les créations sorties déjà de votre initiative. Je voudrais que cette idée d'association pénétrât tous les cerveaux français : je voudrais que tout le monde fut convaincu qu'on ne peut rien à soi seul et que le malheur à l'homme seul est un anathème d'une vérité que l'expérience rend éclatant. »

Et M. Piou résumait toute la situation par cette formule saisissante que nous vous rappelons en terminant et qui s'offre à nous comme un avertissement et comme un programme :

« Si vous restez des isolés, résignez-vous à n'être que des impuissants. »

A la suite d'une discussion à laquelle ont pris part MM. de Palomera, Begouen, Perrin, Demeaux, etc.

Le vœu suivant a été adopté à l'unanimité :

Le Congrès,

Considérant que la crise actuelle du petit commerce tient à des causes diverses : les unes générales, les autres spéciales ;

Que la disparition ou l'affaiblissement de cette branche intéressante de notre activité nationale serait un malheur au point de vue civique, social et moral, et qu'il importe en conséquence de conjurer les effets d'une telle crise ;

Que pour sauvegarder les droits et les intérêts menacés, l'intervention des pouvoirs publics est sans doute nécessaire, tout en étant réduite au minimum et en maintenant le respect constant de la liberté ; mais que devant l'inefficacité trop fréquente des mesures législatives, les mesures d'initiatives privées doivent être employées et développées :

Emet le vœu,

Au point de vue des mesures législatives :

Que le groupe parlementaire de l'*A. L. P.* s'applique, par des propositions de lois, à réaliser la plus grande partie du programme général, économique, voté dans leurs récents Congrès par les groupes commerciaux et industriels de France, notamment en ce qui concerne le maintien des patentes, avec application rationnelle du principe de la spécialisation, et le rejet de l'impôt sur le revenu, tel que le propose actuellement le Ministre;

Qu'une proposition de loi soit déposée pour la création en France d'un Office des classes moyennes à l'exemple de ce qui se passe en Belgique.

Au point de vue des mesures d'initiative privée :

Que les Comités de l'*A. L. P.*, pénétrés de plus en plus de la nécessité de l'organisation professionnelle, contribuent à développer dans les milieux commerçants l'esprit d'association, en favorisant la création des unions et fédérations commerciales.

La parole est ensuite donnée par le Président au rapporteur sur la question des Assurances mutuelles agricoles.

RAPPORT SUR LA QUESTION
DES ASSURANCES MUTUELLES AGRICOLES

Messieurs,

L'*A. L. P.*, en mettant à l'ordre du jour de son Congrès général l'étude des assurances mutuelles agricoles, a voulu prouver une fois de plus l'intérêt persistant qu'elle attache aux questions agricoles.

Elle a voulu donner aussi aux classes rurales qu'elle aime et qu'elle veut soutenir, un conseil et une indication, le conseil de la prévoyance, mais de la prévoyance exercée sous la forme mutuelle la meilleure au point de vue social, puisqu'elle vient grouper en un seul faisceau convergent les bonnes volontés et les efforts.

Les réponses faites au questionnaire attestent toutes l'importance et l'urgence du travail à accomplir.

Dans un premier groupe de questions, après avoir signalé les formes les plus courantes de l'assurance agricole, après avoir par là même indiqué les meilleurs moyens de parer aux éventualités dangereuses de l'existence rurale, nous vous demandions le développement pris par ces institutions dans vos régions différentes. Nous insistions enfin sur l'utilité indispensable de certains procédés dans la pratique et dans le fonctionnement de ces organisations.

Dans un second groupe de questions nous attirions votre attention particulière sur l'utilité sociale et morale de ces institutions, et par là même nous vous livrions toute notre arrière-pensée, car toujours, de toutes manières, sous toutes les formes, nous saisissons les occasions de vous rappeler que l'œuvre primordiale est aujourd'hui l'œuvre sociale, celle qui, tout en procurant à l'homme des avantages matériels appréciables, contribue surtout au progrès par excellence, c'est-à-dire à son progrès personnel et moral.

Les réponses au premier groupe de questions prouvent que l'*A. L. P.* a eu la claire vision des choses, en rappelant à ses adhérents l'importance de certains sujets qu'ils n'ont pas, en un grand nombre de départements, suffisamment approfondis.

Les réponses au second groupe de questions attestent enfin que l'*A. L. P.* a été comprise, dans son but et dans ses espérances, et qu'elle trouvera en vous des collaborateurs dévoués et convaincus.

L'utilité matérielle et les avantages indiscutés des institutions que nous vous recommandons ne sont plus sérieusement contestées.

Le siècle où nous sommes est le siècle des assurances. La vie semble plus que jamais soumise à des aléas dangereux. Nous sommes réduits de toutes manières à prendre les moyens qui nous permettent de lutter contre tous ces dangers et nul ne peut sans imprudence s'y soustraire.

Entre toutes les formes d'assurance, le législateur a favorisé la forme mutuelle, estimant avec raison qu'elle était supérieure aux autres. Elle accroît chez celui qui la pratique des sentiments de dévouement et de solidarité, elle fait appel aux mobiles qui élèvent l'homme et l'ennoblissent : *voilà sa supériorité morale.*

Elle affine aussi le sens de l'association, elle fait mieux comprendre la force et l'utilité du groupement, elle développe enfin le désir de l'initiative privée, toujours supérieure dans les services qu'elle rend et les résultats qu'elle obtient aux services attendus de l'État : *voilà sa supériorité sociale.*

Enfin, dans le règlement des sinistres, elle active et simplifie les procédures par le jeu régulier de son fonctionnement, elle contribue à rendre les sinistres aussi rares que possible, elle initie les associés à la pratique des affaires : *voilà sa supériorité matérielle.*

La loi du 4 juillet 1900, à la condition que les sociétés d'assurance mutuelle agricole soient effectivement des mutuelles, c'est-à-dire qu'elles soient administrées gratuitement et ne poursuivent aucun bénéfice, les a dispensées des formalités généralement requises pour la constitution des sociétés d'assurances, et a décidé qu'elles ne seraient pas soumises aux droits de timbre et d'enregistrement.

L'État a, en outre, décidé qu'un crédit spécial, porté chaque année au budget de l'Agriculture, sera réparti en subventions, subvention de premier établissement pour les sociétés nouvelles, subvention exceptionnelle pour les sociétés en plein fonctionnement quand cet appui de l'État se justifie par les circonstances. Nous vous rappelons, Messieurs, que de l'aveu même du ministre, les subventions initiales fixées en tenant compte de la valeur du capital assuré, du nombre des adhérents et de l'étendue réelle du rayon d'action, sont de droit et ne peuvent être refusées : elles ne constituent en aucune façon une faveur administrative.

Il semble aujourd'hui reconnu que, de tous les terrains, le terrain professionnel est le plus solide et le meilleur pour l'étude des intérêts généraux ; c'est ce qui, depuis la loi du 21 mars 1884 qui réglementait l'organisation professionnelle de l'agriculture, devait permettre aux syndicats de s'occuper d'assurances. Les syndicats comprennent très bien, qu'à côté des services d'ordre purement matériel, il importait d'organiser des services d'ordre économique, social et moral qui sont, en fait, demeurés la cellule de laquelle sont découlées les diverses assurances mutuelles agricoles, réglementant soit les risques contre les choses, soit les risques contre les personnes

Une remarque préalable s'impose toutefois : les mutuelles agricoles annexées aux syndicats ne sont pas des syndicats proprement dits et demeurent régies par certains principes généraux des assurances ; aussi les sociétaires qui auraient pris un engagement de plusieurs années sont liés par cet engagement et ne pourraient pas, par exemple, invoquer l'article 7 de la loi de 1884 stipulant que tout membre d'un syndicat peut à tout moment se retirer de l'Association, nonobstant toute clause contraire.

Sous réserve de cette remarque, les syndicats agricoles, organes professionnels de l'agriculture, ont compris qu'ils étaient qualifiés entre tous pour s'occuper d'assurances mutuelles sous toutes les formes et, comme nous le disions, ont contribué au développement progressif et constant de ces quatre branches d'assurances : mortalité du bétail, grêle, incendie, accidents du travail agricole.

La plus répandue de ces assurances est, sans contredit, l'assurance contre la mortalité du bétail. Chaque année, on a calculé que les pertes résultant de la mortalité des animaux s'élevaient à plus de 35 millions : il était urgent de remédier à des pertes aussi sensibles. Les Grandes Compagnies d'assurances et les Grandes Mutuelles n'ont pas réussi dans leurs tentatives; les petites sociétés mutuelles, à circonscriptions très restreintes, à circonscriptions communales de préférence, ont au contraire obtenu les meilleurs résultats. Dans des sociétés de ce genre chacun se connaît, chacun devient, pour le bien commun, garant de la bonne foi et de la délicatesse réciproques; le mouvement ascensionnel de ces sociétés est ininterrompu, et dans son dernier rapport le ministre accusait le chiffre de 7.241.

MM. Pelud et Arnaud des Essarts, dans leurs considérations générales sur les assurances mutuelles, insistent bien sur les points qui caractérisent cette économie.

« L'économie du mécanisme de la mutuelle locale repose sur l'idée que tous les membres se connaissent et sont considérés comme des agents actifs de la société chargés de se surveiller réciproquement. Grâce au nombre restreint des associés, les fraudes contre les sociétés, au lieu de se perdre sur la masse en se répartissant à l'infini, se font sentir sur chacun d'eux. Chaque membre a donc un intérêt suffisamment sensible pour se faire l'auxiliaire de la bonne administration et devenir l'ennemi de la fraude (1). »

Moins nombreuses, les sociétés contre l'incendie et les risques agricoles atteignent, cependant, le chiffre intéressant de 1.442. On hésita longtemps, dans les associations locales, à s'occuper d'incendie; on se demandait comment respecter en pareil cas ce principe fondamental de la technique en matière d'assurances, la loi du grand nombre. Les mutuelles triomphèrent de la difficulté, en pratiquant le système tutélaire de la réassurance. Une caisse locale groupe les assurés : une caisse régionale, fédérant les caisses locales, prend une part importante de risques régionaux; une caisse centrale, enfin, réunissant à son tour les caisses régionales, garantit également une part des risques; c'est ainsi, grâce à l'échelle des responsabilités, que les caisses ne se trouvent pas engagées au delà de leurs moyens, car les Grandes Mutuelles auxquelles on se réassure prennent à leur charge les risques trop forts, que les sociétés trop faibles ne pourraient supporter. Ce conseil primordial de la réassurance indispensable en matière d'incendie, et sur lequel insistent avec toute leur autorité les guides les plus qualifiés, MM. de Vogüé, Arnaud des Essarts et Pelud, est également celui que donne M. de Rocquigny en matière d'assurances contre la mortalité du bétail. Les mutualités du second degré sont indispensables : elles deviennent des constitutions de compensation et de secours : on se trouve en présence d'un fait d'observation et d'expérience contre lequel d'ailleurs toutes les théories viendraient échouer. Ces mêmes guides autorisés persistent sur la nécessité de constituer des réserves dans les années favorables, de manière à ne pas sombrer dans les années calamiteuses. Le fonds de réserve est la sauvegarde de l'avenir ; il garantit la prospérité future de la société : il faut, par tous moyens, viser à le grossir et ne pas le diminuer sans raisons sérieuses.

(1) Pelud et Arnaud des Essarts. Assurance agricole mutuelle contre l'incendie.

Il a été prouvé que le fonctionnement des assurances contre la grêle, plus spécialement recommandées dans certaines régions viticoles, serait pour ainsi dire impraticable sans une pratique régulière et méthodique de la réassurance : le développement des sociétés contre la grêle a d'ailleurs été plutôt restreint.

L'assurance contre les accidents du travail agricole a pour but de dégager la responsabilité des chefs d'exploitation et de les garantir contre les conséquences des accidents de culture survenant à leurs ouvriers. Il est probable qu'une telle assurance est destinée à prendre des développements inattendus. Les syndicats, pour cette branche spéciale de l'assurance, agiront sagement en se mettant en rapport avec la caisse syndicale d'assurances mutuelles des Agriculteurs de France contre les accidents du travail.

Ce rapide exposé du sujet synthétise de manière impersonnelle l'ensemble de vos réponses. A lire vos observations, nous avons mieux compris l'importance de ces groupements communaux ; nous avons mieux compris les avantages de ces sociétés entre gens qui se connaissent et qui puisent dans cette connaissance des raisons et des motifs de se grouper et de s'entr'aider ; nous avons pu, grâce à vos observations d'expérience, puisées au spectacle de la vie quotidienne, insister davantage sur les mécomptes de ceux qui s'assureraient pour les risques agricoles à des sociétés ou qui négligeraient la pratique de la réassurance : nous pouvons également, en nous appuyant sur vos propres données, constater que la condition indispensable de vie et d'épanouissement pour de telles sociétés est l'exclusion formelle de la politique ; partout où la politique pénètre, ces sociétés végètent et succombent : ceci explique comment l'initiative prise par les professeurs d'agriculture n'est pas toujours suivie d'effets durables, ou pourquoi certaines conférences faites à ce sujet n'ont pas réussi. Le spectre de la politique apparaît à tous comme un épouvantail.

Le moment des élections est *a priori* très mal choisi pour l'éclosion durable de ces sociétés. Sans doute nos amis de l'Ain ont eu raison de prendre les devants, quand, aux dernières élections municipales, ils ont déjoué les calculs du préfet et mis obstacle à sa hâte intéressée de fonder des mutuelles en les fondant à sa place. Mais ils agiraient sagement en confirmant à tête reposée, pour ainsi dire, leurs créations trop hâtives, et en prouvant à quels mobiles élevés ils ont réellement obéi.

Vous nous signalez des régions de la Savoie et de l'Est un mouvement intéressant en faveur de ces diverses assurances.

Dans toute la Lorraine les mutuelles-bétail sont très développées ; on les compte par centaines dans les Vosges et la Meurthe-et-Moselle. Les mutuelles-incendies, moins nombreuses, commencent cependant à être mieux connues et plus appréciées.

Dans certaines régions de Bretagne, dans les Côtes-du-Nord, dans certaines parties de la Somme, dans l'Yonne également, on observe une marche ascendante des mutualités-bétail ; le mouvement tend évidemment à s'étendre, très marqué pour les mutualités-bétail, indécis pour les branches incendie et accident.

Quelques-uns d'entre vous, beaucoup trop rares, Messieurs, si nous en croyons vos propres renseignements, ont été dans leur entourage les pionniers de ces associations mutuelles, et le beau rapport de M. de Lagausie sur les mutuelles-bétail en Tarn-et-Garonne, sur les résultats obtenus, sur les moyens employés pour réussir, est en particulier des plus instructifs et des plus intéressants à lire.

Mais il résulte de toutes vos réponses que les populations n'ont pas encore compris suffisamment tout l'intérêt, toute la portée et toute l'économie de ces sortes de sociétés.

Vous avez pour devoir, Messieurs, de leur expliquer, dans l'avenir, ce qu'elles n'ont pas suffisamment compris encore; vous avez pour devoir d'éclairer et d'ouvrir les intelligences.

D'abord les résultats économiques et sociaux que vous en retirerez sont certains. Votre opinion sur ce point est décisive. « On ne saurait mettre en doute, nous écrit-on de la Marne, de la Somme, de la Côte-d'Or, des Ardennes, que de semblables institutions ne puissent donner d'heureux résultats économiques et sociaux. Les résultats économiques sont réels, ils sont évidents; ces sociétés contribuent à l'éducation professionnelle du cultivateur, qui arrive à approfondir davantage les questions relatives à sa profession, et se dégage d'une routine qui l'annihile. »

Elles perfectionnent aussi l'éducation mutualiste de leurs membres appelés, peu à peu, à créer parallèlement certaines sociétés-annexes reconnues nécessaires, telles que des coopératives, des syndicats d'achats ou de vente, des caisses rurales. Amenées à comprendre en un mot toute l'utilité de la prévoyance, ces sociétés locales sont souvent la première manifestation de l'esprit d'association dans les campagnes; elles créent un lien social; elles établissent des points de contact entre gens d'opinions divergentes; elles font parfois tomber et disparaître certaines susceptibilités, certaines préventions; elles font pénétrer dans les milieux où elles prospèrent une atmosphère ambiante si douce à respirer et si réconfortante de confiance et d'aide mutuelle, qu'elles forment un rapprochement social plus désirable que jamais. Elles constituent bien, comme l'écrit le Comité de Belley, très fier à juste titre des progrès de la mutualité agricole dans sa région, elles constituent bien l'arme la meilleure et la plus solide pour lutter contre les progrès et les visées du socialisme.

Les socialistes, d'ailleurs, ne cachent pas que le moment est venu pour eux de tenter dans les campagnes une propagande acharnée; ils avouent la médiocrité de leurs succès dans les milieux ruraux; ils estiment que l'heure de l'action est arrivée; mais, disent-ils, il ne faut pas effrayer le paysan par des projets de réalisation qui l'écartent trop de ses intérêts; il faut le convier à agir, comme il a l'habitude d'agir; il faut donc l'enrégimenter, peu à peu et sans qu'il s'en doute lui-même, dans l'armée socialiste; pour cela l'agence centrale du parti socialiste (1) déclare que le moyen est tout trouvé.

« Il faut, dit-il, par la création d'organisations économiques, politiques et syndicales, le prendre dans un réseau de solidarité tel qu'il s'élève naturellement aux conceptions les plus hardies du socialisme moderne. »

Jamais, nous semble-t-il, les modes d'asservissement du parti socialiste ne sont apparus plus manifestes et plus ingénieux.

Ne voilà-t-il pas ces pièges à paysan dont nous vous parlions déjà, et dont un militant socialiste désabusé flétrissait un jour, par une apostrophe cinglante, certains procédés de son parti?

Cette arme de l'association et de la mutualité agricole, que les socialistes prétendent employer « pour prendre le paysan, comme ils le disent eux-mêmes, dans un réseau de solidarité », nous prétendons l'employer, nous-mêmes, mais avec de toutes autres visées et de toutes autres arrière-pensées. Nous prétendons l'employer pour améliorer le sort de cette classe rurale si forte et si attachante, pour la libérer de plus en plus, pour travailler à affermir son indépendance morale et son bien-être matériel.

Voilà pourquoi nous chercherons à développer ces institutions nécessaires et à les organiser rationnellement et méthodiquement. Sans doute, le succès ne sera pas immédiat. Mais vous aurez la robuste patience de ce conférencier de la Côte-d'Or, qui nous écrit: « J'ai fait dans ma région 17 conférences, sans réussir en apparence. J'ai recommencé; j'ai remarqué que les progrès étaient notables dans les localités où je revenais pour la seconde fois ».

(1) *Le Socialiste*. 1er au 8 novembre.

Je vous rappellerai aussi, avec quelle noblesse de sentiments l'un des vôtres, constatant bien lui aussi la lenteur apparente de certains succès, presque déconcertante quand on songe à tout l'effort dépensé, envisageait cependant la tâche à remplir : « Il faut plus que jamais, disait-il, persévérer dans un mouvement que les libéraux doivent avoir à honneur de diriger. Si tous ceux qui prennent les initiatives nécessaires savent voir vraiment au delà les résultats immédiats de l'institution; s'ils sont vraiment des hommes, à vues surnaturelles, doués du véritable esprit de sacrifice et de dévouement, le succès leur viendra par surcroît, et, comme l'écrivait votre correspondant, ils sauront faire produire au naturel tout son effet. »

Messieurs, le champ qui s'ouvre à vos dévouements et à vos initiatives est illimité. Mais vous savez que vous vous trouvez en présence d'un devoir impérieux, et vous ne reculerez pas devant son accomplissement. En travaillant à développer dans vos campagnes ces associations mutuelles sous toutes leurs formes, à développer ainsi la mutualité agricole, vous faites œuvre sociale, œuvre morale et patriotique. Certes, vous avez agi et travaillé et peiné dans le passé. Vous avez dix fois, cent fois, mille fois, plus encore, à agir, à travailler, et à peiner dans l'avenir. Vous, qui vivez près des hommes de la terre, qui voyez et qui comprenez, qui aimez surtout la grandeur, la beauté rude et souvent douloureuse de leur existence, vous savez quelles aspirations simples, élevées et fortes à la fois dorment au fond de tous ces cœurs. Vous repoussez avec indignation l'opinion de ceux qui vraiment les diffament en prétendant, sous couleur de les bien connaître, que seuls des mobiles d'intérêt personnel et d'intérêt matériel les feront agir. Certes, votre rôle et votre mission sont de leur procurer, dans la plus large mesure, les avantages matériels dont ils ont un impérieux besoin, mais que seraient de tels avantages, et pour eux et pour vous, si vous ne saviez pas, s'ils ne saraient pas surtout qu'en les attirant dans vos associations, vous poursuivez un but désintéressé et supérieur.

Vous avez pour but, Messieurs, d'accroître chez tous ces hommes que vous groupez, et chez vous-mêmes, le sentiment de la responsabilité, le sentiment de la valeur et de la dignité personnelles, de susciter par votre exemple le dévouement qui ne recule pas, et les initiatives qui ne se lassent pas de combattre l'égoïsme individualiste, dont votre président vous disait hier encore tous les méfaits, de créer une élite dont l'honnêteté et la sincérité soient au-dessus de tous soupçons, de développer enfin les qualités de l'individu. En devenant ainsi les artisans laborieux de la liberté et de la paix sociale, vous travaillez à la grandeur et à la prospérité du pays. Vous trouverez dans cette conviction la force d'agir sans défaillance et sans relâche.

Le vœu suivant, mis aux voix, fut ensuite adopté à une majorité considérable :

Le Congrès,

Considérant qu'aujourd'hui l'assurance est indispensable pour parer aux divers aléas de l'existence agricole, qu'il s'agisse de mortalité du bétail, d'incendie, de grêle ou d'accidents du travail ;

Considérant que, en pareil cas, au point de vue matériel comme au point de vue moral et social, la forme préférable d'assurance est l'assurance mutuelle pratiquée à échelons successifs, c'est-à-dire la caisse locale s'appuyant sur la caisse de réassurance ou sur l'Union des sociétés d'assurances mutuelles ;

Emet le vœu :

Que les Comités de l'*A. L. P.* continuent dans les différentes régions la propagande si activement commencée en faveur des assurances mutuelles agricoles et contribuent ainsi de plus en plus, par l'initiative privée, à développer l'esprit de prévoyance et de mutualité, et d'une manière générale à améliorer le sort des travailleurs ruraux.

ASSEMBLÉE GÉNÉRALE DU SOIR

Présidence de M. Piou, député de la Lozère.

En quelques brèves paroles, le Président présente aux Congressistes les orateurs auxquels il donnera la parole.

MESDAMES,
MESSIEURS,

Ce soir, la parole est aux jeunes; c'est vous dire que, pour obéir à l'usage, je me contenterai de vous les présenter.

L'un, M. Saint-Yves, est un apôtre de l'*A. L. P.* qui porte la bonne parole dans toute une région de la France. C'est un Breton déraciné dont le Midi est devenu la seconde Patrie. Le soleil méridional a sur ces caractères armoricains de forte trempe un merveilleux effet : d'un homme il en fait deux (*Applaud.*) : l'un, patient, obstiné, presque têtu; l'autre primesautier, impétueux; l'un fantassin, mais d'une infanterie de fer; l'autre cavalier d'avant-garde, toujours prêt à charger et qui ne recule que pour prendre élan et haleine. (*Vifs appl.*)

Je ne m'étonne pas que cet assemblage de qualités attachantes et cependant contraires ait séduit le Midi; toujours est-il que notre ami est, dans cette région de la France, applaudi, aimé, acclamé, et on se l'y dispute. (*Vifs appl.*)

L'autre, M. Bazire, est un Vendéen de forte race qui, je le suppose, a fait quelques voyages à Bergerac, car il a tout le charme et l'entrain d'un Cadet de Gascogne. (*Vifs applaudissements.*)

A l'âge où les autres font à peine leur trouée, lui, enfonce les portes de la renommée. (*Applaudissements.*) Ce jeune est déjà un chef; hier encore, il était le chef de cette chère et admirable jeunesse catholique... (*Vifs applaudis.*), où se forment, pour la défense et le salut de notre cause, tant de vaillants et tant de braves (*Vifs applaudissements*).

M. Bazire est devenu déjà l'orateur chéri des plus nombreux auditoires. Dès qu'on l'entend parler, on lui devient ami. Je ne sais pas, Messieurs, — et s'il n'était là, je le rechercherais — s'il a ou plus de talent ou plus de cœur.

Mais je m'arrête, l'humilité est une vertu très nécessaire et très difficile et je ne veux pas compromettre la sienne. (*Vifs applaudissements.*)

Je donne la parole à M. Saint-Yves.

DISCOURS DE M. SAINT-YVES

L'orateur expose les idées directrices qui peuvent et doivent présider, à une action sociale et à une action économique.

« Lorsque les catholiques allemands, dit-il en substance, ont fondé le « Volksverein », la ligue du peuple, ils ont voulu que les catholiques allemands soient les plus intelligents de l'Allemagne et puissent déterminer les plus riches à être les plus sociaux de l'Allemagne — et que, une fois formées par eux une élite intellectuelle, une élite économique et une élite sociale, alors les élections seraient faciles car, lorsqu'on représente dans un pays la classe dirigeante, celle qui a vraiment les qualités pour diriger, on est bien près de diriger ce pays.

Nous devons faire en France ce que les catholiques allemands ont fait en Allemagne.

On sait que les catholiques français ont l'habitude de s'incliner devant la légende, soigneusement entretenue par leurs adversaires, qu'il n'y a pas de rapport entre eux et la science, qu'il n'y a pas d'union possible entre les idées religieuses et les idées scientifiques, en un mot, qu'ils sont les représentants officiels de l'ignorance et de l'obscurantisme.

Nous devons réagir et montrer que les catholiques représentent la partie intelligente du pays. »

L'orateur cite maints exemples de l'idée religieuse unie à l'idée scientifique, entre autres M. Albert de Lapparent, secrétaire perpétuel de l'Académie des sciences, dont l'œuvre démontre que l'on peut apporter dans la science non seulement la vulgarisation, mais aussi des vues nouvelles, tout en restant profondément religieux.

« Lorsque l'on vient nous dire, ajoute M. Saint-Yves, que nous autres catholiques, nous sommes les représentants de l'obscurantisme, nous avons le droit de répondre à nos adversaires que parmi eux on n'aurait probablement pas trouvé un homme qui eût fait ce qu'un grand Pape a fait. S'ils avaient eu des archives aussi importantes que celles du Vatican, peut-être ne les auraient-ils pas livrées aux investigations de tous !

Quand on veut mettre la lumière sous le boisseau, on n'ouvre pas toutes grandes les portes au monde entier. On n'a pas le geste admirable de Léon XIII, qui, pour défendre la Papauté contre les critiques qu'on lui adressait, donna à consulter les archives vaticanes, disant à tous : « Étudiez-les, nous ne vous demandons que de la conscience scientifique, nous voulons être jugés, non applaudis. »

Quand on nous dira que les catholiques n'existent pas devant la science historique, nous demanderons à nos adversaires s'ils ne connaissent pas le grand historien allemand Pastor, le professeur Janssen, M. Imbart de Latour et M. Guiraud, professeur à l'Université de Besançon, qui honore à la fois l'*A. L. P.*, l'Université et la Science.

N'ayons donc pas peur de la science; persuadons-nous bien qu'il y aura toujours un domaine qui lui sera fermé, qu'elle ne pénétrera sans doute jamais les mystères de la création.

Nous avons donc le droit de dire à nos adversaires : nous sommes aussi savants en croyant en Dieu que vous en n'y croyant pas.

Ainsi, au point de vue scientifique, nous pouvons prétendre à être les plus intelligents de notre pays.

Pourquoi maintenant est-il nécessaire que les plus riches soient des catholiques ? Parce que la puissance économique donne la puissance sociale et la puissance politique. Parce que la richesse donne le moyen de s'entr'aider.

On conçoit quel précieux avantage nous aurions sur nos adversaires si parmi nous il y avait quelque chose de plus beau et de plus grand que l'union politique, si nous nous aidions les uns les autres pour faciliter notre vie matérielle. »

L'orateur arrive à la dernière partie de son discours et explique ce que les catholiques allemands entendent par l'*élite la plus sociale*.

M. Saint-Yves établit d'abord qu'en dehors du christianisme on ne peut être social que relativement. Quand, sans s'appuyer sur ses principes, on pense naïvement faire une loi sociale définitive, on s'aperçoit au bout d'un temps très court que l'on s'est trompé : la loi pourra s'appliquer pendant dix ans; la onzième année, on sera étonné qu'elle n'ait plus sa raison d'être. C'est que la société se sera transformée.

Quels sont donc les principes que le christianisme prend pour base d'une organisation sociale et qui résistent à l'action du temps?

Il y en a deux qui sont d'une fixité immuable : le premier s'appelle la Justice, le deuxième s'appelle l'Amour.

Faisons des lois sociales reposant sur ces deux principes, et ce qui est vrai, ce qui est social en 1908, le sera en 1910, en 1920, en 1950 ; nous serons alors de grands créateurs sociaux.

« Le christianisme, dit M. Saint-Yves, permet ainsi la critique des lois sociales et quand je vois les doctrinaires du Bloc chercher des formules compliquées, quand je vois, par exemple, M. Léon Bourgeois employer des termes très philosophiques pour expliquer ce qu'est la solidarité, je me rappelle cette formule très prosaïque, mais à la portée de toutes les intelligences : « Aime ton prochain comme toi-même. » C'est très compréhensible et ceci prouve que la solidarité était inventée bien longtemps avant M. Bourgeois !

Ce principe de justice est si facile à appliquer ! Vous voyez un travailleur : mettez-vous à sa place et demandez-vous ce que vous voudriez qu'on vous fît ? Si vous réglez les rapports entre les travailleurs, faites qu'aucun ne soit lésé et vous aurez fait ainsi une œuvre de justice. Voilà la solution de tous les problèmes sociaux. La justice ne doit pas transiger devant les intérêts particuliers : les intérêts particuliers ne sont rien devant elle, puisque la justice est la loi divine.

Mais quelquefois la justice est un peu rude. Appliquée avec précision, trop mathématiquement, elle serait désagréable à ceux qu'elle toucherait, et je dirai même plus, elle pourrait leur paraître n'être pas la justice.

Si, par exemple, vous rendez service aux hommes en les rudoyant, ils ne se rendront pas compte de l'intérêt que vous leur portez ; c'est pourquoi le christianisme a adjoint au principe de Justice ce principe parfait, merveilleux à lui seul, le principe d'Amour.

Certes, on ne peut pas dire que cette société antique qui a eu des penseurs de premier ordre et qui, au point de vue philosophique, avait atteint le maximum, peut-être, que la pensée humaine ait jamais atteint, ait été une société barbare. Une civilisation qui a produit des hommes comme Platon et Aristote n'est pas une civilisation primitive. Mais il lui manquait quelque chose : il lui manquait cette idée parfaite et généreuse de l'amour des hommes les uns pour les autres, idée qui pouvait être comprise par les simples pêcheurs de Galilée.

Et si ce monde grec, si le monde romain, plus cruel, plus dur, a été conquis par le christianisme, c'est qu'il l'a été par cet amour qui a enveloppé l'univers d'une chaleur si douce, si pénétrante : c'est qu'il a senti l'amour qui rayonnait autour de lui, et c'est parce qu'il s'est mis à aimer.

Le Christ a amené à lui l'humanité païenne grâce à son immense amour pour les hommes, et il en sera de même de notre société actuelle.

Si nous allons aux hommes en leur parlant d'amour, il nous arrivera ce qui arriva à ce grand mystique, à ce grand socialiste, qui l'était quelquefois un peu plus que M. Jaurès, et s'appelait saint François d'Assise.

Certes saint François d'Assise était moins grandiloquent que M. Jaurès : son verbe était moins sonore, mais il avait réellement, dans son existence comme dans son allure, quelque chose de plus révolutionnaire que lui !

Saint François d'Assise était tellement pénétré de l'idée d'amour, que sa voix entraînait les bêtes fauves elles-mêmes ; et la tradition franciscaine rapporte que, pour appeler les foules, il se faisait précéder d'un loup. Les gens, en voyant le loup, disaient : « Le saint n'est pas loin et va prêcher devant nous. » A ceux qui lui demandaient pourquoi il envoyait ce singulier messager, le grand Saint répondait qu'il avait enchaîné la haine.

Dans notre société actuelle, au milieu des luttes présentes, quand on dira de vous la même chose, quand vous aurez enchaîné la haine, Messieurs, vous ne serez pas éloignés de la victoire.

Rappelez-vous comment le christianisme a triomphé. Un de nos adversaires le disait, il y a quelques jours, à la Chambre, et je croyais même entendre parler un Père de l'Eglise, mais c'était M. Jaurès : « La doctrine du christianisme, a-t-il dit, est la doctrine du relèvement. » Et il ajoutait cette parole que nous pouvons prendre comme devise : « Vous avez une grandeur tragique qui fait que vous ne possédez pas que le monde d'en haut, vous êtes obligés de posséder le monde d'ici-bas. »

Parfaitement, Messieurs ! La grandeur du christianisme a été de dire : « Il n'y a pas de décadence sociale, il n'y a pas de décadence morale qui ne soit relevable. » Et il a crié à cette société antique qui ne connaissait ni pitié ni miséricorde : « Esclaves qui n'êtes que des bêtes de somme, criminels qui êtes rejetés en dehors de la société, femmes qui avez traîné dans la boue, je vous prends et je vous relève. »

Voilà l'œuvre et l'action du christianisme : il a appelé à lui les parias, les vaincus de la vie, et il en a fait des martyrs qui sont morts pour leur Dieu.

Nos adversaires n'en pourraient faire autant.

Quand on a derrière soi une page semblable, quand on apporte de pareilles leçons sociales, on peut parler haut et dire qu'aucune législation ne réussira à imposer par des lois ce que des chrétiens ont fait avec leur cœur et avec leur âme.

Nous pouvons répéter aux législateurs qu'au point de vue social, ils ne pourront rien sans nous; que, quoi qu'ils prétendent, il manquera toujours à leur œuvre ce souffle qui anime, cette âme qui couronne l'édifice, cette parcelle d'idéal qui donne aux œuvres humaines leur caractère de stabilité, ce souffle éternel qui les fait s'épandre sur toute la terre.

Pensez-vous encore que nous devions être écartés de la société parce que nous avons une doctrine religieuse? N'avons-nous pas, au contraire, tout ce qu'il faut pour agir sur cette société?

Je sais bien que les temps sont un peu tristes, un peu sombres, que beaucoup se désespèrent, et que beaucoup renonceraient volontiers à la lutte! Singulière façon de se battre que de commencer par rentrer chez soi !

Permettez moi cette simple comparaison. Qu'est, à cette heure, la société actuelle?

Beaucoup d'entre vous ont passé quelque temps au régiment, et connaissent la vie militaire. Vous vous souvenez des marches de nuit? Le régiment s'avance dans l'ombre profonde; les hommes ne savent pas où ils mettent le pied; ils se heurtent aux cailloux, les armes s'entre-choquent, la lassitude gagne la colonne et quelques uns marchent automatiquement, à moitié endormis. Après plusieurs heures de marche, la colonne, qui se tord à tous les coins de la route, comme un serpent meurtri, se disloque et n'est plus qu'une masse informe, et l'on peut se demander si cette singulière armée marche vers le combat.

Tout à coup, un point brillant surgit au loin dans la nuit sombre, il s'agrandit; puis la lumière éblouissante envahit l'horizon. Alors le régiment se redresse fièrement, les sacs sont remis en place, bien droits, les fusils sur l'épaule ne ferraillent plus, et, subitement, une chanson joyeuse s'élève, saluant l'aube qui monte.

Eh bien! Messieurs, nous marchons depuis quelques années comme le régiment, dans la nuit sombre, et M. le Président du Conseil, qui doit s'y connaître, l'a dit franchement : « Nous marchons dans l'incohérence. » Mais nous sommes de ceux qui croyons qu'à la fin d'une nuit une aube survient toujours. La nuit ne peut durer, et, quand l'incohérence prendra fin, ce jour-là, le régiment, c'est-à-dire la Patrie entière, reprendra son allure et sa fierté !

Quand viendra cette aube? je n'en sais rien.

Et permettez-moi ici un souvenir de nos chevauchées à travers les plaines immenses ou sur les plateaux de l'Asie centrale, dominés par les cimes les plus élevées. Le ciel était pur et tranquille : tout à coup, à l'horizon, apparaissait un point noir, un petit nuage. Alors mes compagnons de route, ces farouches descendants des guerriers qui, derrière Tamerlan, ont conquis l'Asie et ont fait retentir partout le sabot de leurs chevaux, me disaient: « Hâtons-nous. » D'autres petits nuages aussi placides que le premier se formaient, se groupaient, pendant que nos chevaux, frémissant, accéléraient leur allure. Bientôt le tonnerre grondait, les éclairs sillonnaient les nues. Nous sentions que tous les éléments étaient déchaînés, les torrents roulaient des masses énormes ! Comme nous étions bien faibles et bien petits devant ce spectacle terrifiant ! Nos chevaux galopaient avec une vitesse vertigineuse, nous-mêmes étions comme éperdus et fous, nous franchissions des abîmes que jamais nous n'aurions voulu affronter quelques heures auparavant.

Puis l'orage cessait, et, au-dessus de nos têtes, impassibles et sereines, se dressaient les cimes neigeuses hautes de 8.000 mètres.

Aussi rapidement, Messieurs, les orages pourront éclater sur nos adversaires et nous serons les cimes neigeuses de l'Himalaya, qui regardent venir la tourmente sans aucune crainte parce qu'elles sont ce qui dure depuis des siècles.

Nous aussi nous resterons immuables et impassibles, parce que nous représentons ce qui est éternel en face de ce qui disparaît. »

DISCOURS DE M. BAZIRE

M. Bazire, membre du Comité-Directeur, succède à M. Saint-Yves. Il propose au Congrès d'envoyer un salut respectueux à ceux des membres du Comité-Directeur que la maladie retient loin de nous, MM. de Mun, de Las-Cases, Lerolle, de Castelnau, et il forme le souhait de leur voir bientôt reprendre leur place à notre tête.

L'orateur fait ensuite un tableau très exact et très vivant de l'œuvre accomplie par l'*A. L. P.* Notre association a posé la pierre de fondement, jeté les bases d'une organisation politique et sociale permanente.

Elle n'a pas cru, avec certains esprits échauffés qui ne voient de salut que dans un coup d'État ou dans un sauveur, annoncé tous les jours pour le lendemain et qui se refuse obstinément à paraître, que le relèvement du pays soit l'œuvre d'un jour. Aussi elle a organisé sans relâche. Elle ne s'est pas laissé rebuter par les insuccès et, dès le lendemain des élections, elle s'est remise à l'ouvrage de la veille, fondant deux comités où le découragement en faisait sombrer un.

Certes il est bien plus difficile d'organiser que d'annoncer un coup d'État tous les jours, et l'organisation a toujours été chose dure et ingrate pour les Français. Mais, à l'heure actuelle, les exploits individuels ne peuvent rien contre l'organisation, la science stratégique, l'armement parfait de nos adversaires qui disposent contre nous de toutes les forces administratives.

Il faut donc nous organiser, ou nous sommes perdus. C'est pourquoi il est juste de rendre hommage à l'*A. L. P.* d'avoir réalisé une organisation permanente.

On lui reproche cependant de n'avoir pas empêché la défaite, sans réfléchir qu'à l'heure où elle a été créée la défaite était encourue pour ses causes antérieures, et qu'elle ne peut pas en être rendue responsable.

On ne peut se le dissimuler, nous sommes actuellement les vaincus; on nous a tout pris, nos écoles, nos couvents, nos églises, nos presbytères, jusqu'aux fondations suprêmes laissées pour nos morts.

Mais nous pouvons nous rendre ce témoignage que jamais l'honneur des catholiques n'a brillé d'un plus vif éclat.

On les représentait, ces catholiques, comme épris des biens terrestres et des dominations matérielles; et on les a vu refuser de racheter leurs biens par la moindre concession. Tous se sont groupés, sans une défection, autour de leur chef, de leur pasteur, de leur père en ce monde, et l'on a assisté à ce spectacle admirable du successeur de Pierre, le pilote immortel de la barque divine, faisant face à la tempête, saisir la barre d'une main ferme et cingler hardiment vers le large.

Grâce à cette manœuvre, grâce au lest que le Saint-Père a jeté, et il en a jeté pour plus de 500 millions, la barque divine allégée a franchi la passe.

De cette victoire de l'Eglise les générations futures bénéficieront; à cette heure, c'est à nous de supporter les sacrifices et les privations.

Aussi voilà le moment de nous rassembler pour de nouveaux combats dont l'issue nous donnera peut-être un avantage décisif, surtout maintenant que nous n'avons plus rien à craindre de nos ennemis, de cette tactique de chantage qui a servi à dépouiller progressivement les congrégations, et nous acheminait tout doucement vers l'organisation des cultuelles schismatiques sous la menace du brigand au coin du bois : la bourse ou la vie.

L'orateur envisage ensuite le terrain sur lequel se livrera la prochaine bataille : les projets Doumergue et la question sociale.

Les projets Doumergue, le Congrès les connaît. Avec eux, les pères de famille sont obligés d'envoyer leurs enfants à l'école sans Dieu, sous peine d'amende. On leur supprime le droit de critique des leçons de l'instituteur et des livres officiels.

Pouvons-nous empêcher le vote de ces projets de loi? Non. Le convent maçonnique, puis le congrès radical de Dijon et enfin le congrès international de l'enseignement ont émis chacun un vœu tendant au vote de ces projets; aussi, à la Chambre, ce ne sera plus qu'une question de ratification.

Devant cette situation, que devons-nous faire?

L'orateur répond hardiment : « Nous devons violer cette loi pour la faire abroger, comme nous avons violé celle sur les délits de messe, qu'au milieu de l'hilarité de la France entière il a bien fallu rapporter. »

Dans la dernière partie de son discours, M. Bazire nous convainct de la nécessité de faire du catholicisme social.

Il rappelle que le jour où l'Allemagne voulut engager la lutte contre l'Eglise, elle trouva devant elle la masse populaire, parce que le peuple vit que ceux qui étaient obligés de défendre leurs croyances et leurs libertés religieuses étaient précisément ceux qui avaient lutté sans relâche pour son affranchissement.

Voilà ce qui explique pourquoi les hommes du peuple allemand mirent leurs rudes mains au service de l'Eglise et de ses représentants, qui ne leur avaient pas refusé les leurs. Voilà le grand exemple dont nous devons profiter.

Un des motifs principaux de la force des socialistes auprès du peuple, c'est qu'ils lui ont promis un idéal de justice. Cet idéal, autrefois l'Eglise le donnait au peuple chrétien; c'est pourquoi le terrain social appartient aux catholiques s'ils veulent résolument s'y placer.

A ce sujet, l'orateur cite une parole remarquable du comte de Mun : « Ce n'est pas assez pour les catholiques de proclamer un minimum de liberté et de se défendre contre les persécutions. Il y a autre chose à revendiquer, autre chose à réclamer : il y a à faire connaître au peuple ce qu'est l'Eglise, ce qu'elle a fait pour lui dans le passé, ce qu'elle est prête à faire encore. Il faut opposer ses bienfaits à la faillite du radicalisme sectaire, et faire luire à tous les yeux l'aurore des temps nouveaux. »

Si nous pouvons beaucoup pour améliorer la situation matérielle de l'ouvrier, l'orateur démontre que nous pouvons encore plus pour son âme.

L'âme du peuple, voilà la grande abandonnée, et Veuillot l'a fait ressortir dans une page immortelle écrite sur la tombe de son père.

Le crime de la société actuelle, c'est d'avoir enlevé Dieu de l'âme de ceux qui travaillent, peinent et souffrent. A force de dire à l'ouvrier qu'il est le nombre et la force, que Dieu n'existe pas, qu'il n'y a point de lendemain à la mort, nos adversaires finissent par le persuader. Mais cette persuasion même sera leur châtiment, et ils périront sous les ruines de l'édifice qu'ils ébranlent.

L'homme du peuple croit ce qu'on lui affirme et il s'écrie : « Au plus fort le repos, le luxe, la domination, à moi donc la terre et les jouissances. Autrefois une grande voix consolante et douce nous disait : Bienheureux les pauvres et ceux qui souffrent, parce qu'ils seront consolés. C'est une vieille chanson, dites-vous? C'est entendu, nous n'en voulons plus, mais nous ne voulons pas non plus de notre misère. Nous laissons le ciel aux anges et aux moineaux, mais il nous faut la terre. Puisqu'il ne faut plus croire aux divines paroles : Bienheureux les pauvres! alors : Bienheureux les riches !

Vous avez éteint toutes les étoiles du ciel, et cependant nous en voyons encore qui sont assez lumineuses près de nous : ce sont ces millions de lampes électriques qui illuminent des palais où sont exposées les merveilles du luxe le plus raffiné. Des foules s'y pressent; nous y voyons des hommes entre les mains de qui l'argent ruisselle et des femmes élégantes qui portent sur elles des fortunes entières. Vous voyez donc bien qu'il y a encore des étoiles. Eh bien! nous en voulons notre part. »

Cette partie du discours de l'éloquent orateur soulève les plus vifs applaudissements.

Enfin M. Bazire termine ainsi son magnifique discours :

« Mais je m'arrête, Messieurs. Voilà la plaie du peuple; elle est à l'âme et cette plaie est profonde, car on a tout fait pour en exaspérer la souffrance.

C'est cette plaie qu'il faut guérir, c'est cette âme qu'il faut sauver, cette âme du peuple si noble, si brave, si désintéressée, si éprise de justice idéale et de liberté.

Jurons donc, Messieurs, à la fin de ce Congrès, de sacrifier toute nos forces, toutes nos énergies à cette œuvre ; dévouement, intelligence, fortune, jetons tout cela dans le grand creuset où s'élaborent dans une fusion ardente tous les éléments qui, demain, constitueront la Patrie !

Cette âme populaire, cette âme française capable de tous les sacrifices, de tous les héroïsmes, il me semble qu'elle passe ce soir sur cette réunion de braves gens, d'hommes de bonne volonté, de vrais chrétiens et de bons Français. Il me semble qu'elle les effleure de son aile victorieuse et leur apporte le message de la Sainte de la Patrie, de cette petite Jeanne d'Arc que, dans quelques mois l'Eglise Catholique va placer sur ses autels ; et je crois entendre, à travers les siècles, la voix jeune, pure et vaillante de Jeanne nous crier :

« Allez hardiment ! »

Grâce à elle nous parviendrons bien, n'est-ce pas, à réaliser ce rêve de notre vie : l'union du Patriotisme et de la Foi, le rapprochement de la croix de notre Dieu et du drapeau de notre Pays ».

Remerciant d'abord les deux précédents orateurs, M. le Président clôt ensuite le Congrès de 1908 par les paroles suivantes :

MESDAMES,

MESSIEURS,

Je ne veux ni féliciter ni remercier les merveilleux orateurs que vous avez entendus : vous les avez acclamés, c'est là le meilleur hommage qui leur est dû. Pour moi, je les ai écoutés avec une fierté mêlée de tristesse.

Fiers d'eux ! Comment ne le serait-on pas ? Voilà quels hommes jeunes et vaillants notre parti prépare pour la lutte de demain et il peut se glorifier en les entendant et en les voyant à l'œuvre.

Mais à cette fierté se mêle un sentiment de tristesse. Pourquoi ne sont-ils pas à côté de nous pour combattre à la Chambre, pour renforcer nos rangs, pour apporter à la tribune quelque chose de la flamme qui les dévore ? (*Vifs applaudissements.*)

Tous les deux sont arrivés jusqu'au seuil du Parlement, mais le Suffrage Universel, lui aussi, est un faucheur aveugle. Ce sont ces jeunes qui devraient être à notre place ! Les vieux tombent les uns après les autres sur le champ de bataille, et ceux qui subsistent n'ont plus qu'un reste d'ardeur, ce sont ces jeunes qui devraient faire entendre au pays leurs accents enflammés.

Ils parcourent la France, faisant une œuvre admirable, réchauffant par leur enthousiasme et par leur foi les moins ardents de tous ; mais leur place est marquée.

Il faut avoir beaucoup d'égards envers les partis anciens, peut-être en faut-il avoir un peu moins envers les partis vieux, et c'est ce parti vieux qu'il vous faut rajeunir.

J'espère, chers amis de province et de Paris, que si le Gouvernement, comme on nous le présage, nous donne le scrutin de liste, vous vous souviendrez, dans vos provinces ou à Paris, des émotions que vous avez ressenties ce soir ; vous comprendrez que vous devez à votre cause et à votre parti d'envoyer à la bataille les vaillants qui ont, pour le service de Dieu, une âme si chaude et une voix si éloquente. (*Vifs applaudissements*).

Mais quoi qu'il arrive, ne vous découragez pas. Je ne sais pas s'il y a en ce moment une petite araignée dans la pêche que mange le Bloc... (*Rires.*) Je ne sais pas s'il y a un petit nuage à l'horizon qui demain donnera naissance à l'orage, mais ce que je sais, c'est que des hommes de cœur sont prêts, quoi qu'il survienne, à rester debout. Ce que je sais, c'est qu'ils ne connaissent ni défaillance ni faiblesse.

J'appartiens à une génération qui disparaît ; j'ai vu la tristesse de la fin de l'Empire, j'ai vu l'invasion, la défaite, le démembrement de la Patrie, et après presque 40 ans je n'ai jamais un instant désespéré ni de la liberté ni de la France. (*Applaudissements.*) Nous disparaîtrons les uns après les autres sans nous être résignés jamais ni à la liberté perdue, ni à la France démembrée (*Vifs applaudissements*).

C'est là le seul exemple que nous puissions vous offrir. Je sais que vous avez le cœur assez vaillant pour n'éprouver jamais aucune lassitude, ni aucune défaillance, mais vous l'avez dit, l'un et l'autre, et c'est là le secret de votre force et de votre éloquence, vous avez placé plus haut votre idéal, vous marchez à l'étoile, vous servez une cause immortelle, vous souffrez pour elle ; vous n'attendez pas de récompense, mais en souffrant pour elle vous êtes plus glorieux encore que les vainqueurs et les heureux (*Vifs applaudissements*).

Messieurs, vous allez rentrer dans vos provinces. Dites, je vous en prie, à tous nos amis ce que vous avez vu pendant ces deux jours : des hommes de tout âge et de toute condition, qui sont venus raconter avec une simplicité héroïque ce qu'ils ont fait chez eux pour le salut et la défense de la Liberté et de la Foi. Ils le disaient si simplement qu'en les écoutant on était pénétré d'admiration pour eux. Aujourd'hui, ce sont les hommes d'avant-garde, les jeunes qui sonnent la charge et sont dignes de tous ceux que vous entendiez hier.

Allez donc, le cœur plein d'espérance. Une cause qui a suscité de tels dévouements, qui en si peu d'années a groupé autour d'elle de tels défenseurs, cette cause là ne peut pas périr. (*Vifs applaudissements.*) Il est possible que la fortune la trahisse, que l'indifférence publique laisse pour quelque tem encore la victoire sommeiller pour nous, mais, n'en doutez pas, la victoir vous l'aurez : elle est aux vaillants, aux dévoués. Il est, au-dessus de toutes les infortunes, de toutes le vicissitudes de la politique, une justice immanente qui veille sur vous et sur vos œuvres.

Je ne sais quels sont ceux qui recueilleront la récompense, mais soyez sûrs que cette récompense ne vous sera pas refusée.

En vous disant adieu, ce soir, j'ajoute : Patience et courage ; pas d'emportement, mais pas de lassitude. Vous servez une cause qui ne peut pas périr tant qu'elle vous aura pour défenseurs.

J'espère que vous emporterez de ce Congrès ce sentiment, que vous appartenez à un grand parti, grand par le nombre, mais surtout par le cœur, qu'il est plein d'hommes dévoués et généreux qui ne comptent ni avec les sacrifices ni avec les dévouements, et c'est ainsi, Messieurs, que la victoire se prépare. (*Vifs applaudissements.*)

Mon dernier mot sera celui-ci : Dans toutes les luttes électorales qui vont se produire dans vos régions, songez toujours aux jeunes dont nous avons besoin. Faites-leur place ! Place aux jeunes! Oui, le mot est vrai, ils sont nécessaires pour retremper d'une vigueur nouvelle cette vieille armée qui s'en va morceau par morceau. Vous les avez entendus et acclamés tout à l'heure ; que, dans quelques mois, la France chrétienne tout entière puisse les entendre et les acclamer à son tour ! (*Vifs applaudissements.*)

QUATRIÈME JOURNÉE

Dimanche 6 Décembre 1908.

BANQUET

AU PALAIS D'ORLÉANS, AVENUE DU MAINE.

A la fin du repas le silence s'établit quand M. Jacques Piou, député de la Lozère, Président de l'*A. L. P.*, se lève et prononce le discours suivant :

MESSIEURS,

Je devrais d'abord vous présenter les excuses de quelques membres du Comité directeur et de quelques membres du Groupe Parlementaire. Parmi ces derniers, il en est certainement que vos yeux et vos cœurs ont cherchés : ce sont les premiers parmi les vaillants que les malheurs ou les maladies ont tenus éloignés de nous.

C'est Grousseau, sur qui la Providence frappe à coups redoublés sans cependant affaiblir son noble cœur. (*Applaudissements.*)

C'est de Gailhard-Bancel, c'est Lerolle, c'est de Castelnau, tous les trois retenus chez eux par la maladie, maladie qui paie les efforts qu'ils ont faits pour servir notre cause. (*Applaudissements.*)

Albert de Mun n'est pas là non plus. Jusqu'à la dernière minute, il a espéré pouvoir venir vous apporter le témoignage de son affection; il ne vous eût pas adressé la parole, cela ne lui est plus permis, mais il aurait du moins recueilli le témoignage de votre affection, lui qui est notre honneur, lui qui est notre gloire... (*Vifs applaudissements.*)

Et ceci dit, laissez-moi acquitter une dette de gratitude vis-à-vis de mes amis du XIVe. Ce quartier de Paris, qui semble une des citadelles du Bloc, a été merveilleusement organisé et est devenu pour nous comme une oasis. Je ne peux pas nommer tous les membres de ce Comité incomparable; qu'ils me permettent de les remercier tous en la personne de leurs deux chefs, mon cher Prolais (*Vifs applaudisements*), ce catholique indomptable, et vous, Bazelet... (*Applaudissements*) auquel je n'ai plus besoin de rien dire, puisque les acclamations qui ont salué son nom sont les meilleurs hommages qu'il puisse mériter. (*Vifs applaudissements.*)

Je veux enfin, Messieurs, que mes premières paroles vous disent la joie profonde que j'éprouve en vous voyant si nombreux autour de ces tables, et vous apportent, à vous, amis fidèles, chers compagnons d'armes, le plus cordial, le plus affectueux salut. (*Vifs applaudissements.*)

Votre affluence, votre entrain attestent la vitalité de cette association que tant de fossoyeurs empressés s'offraient à mettre au tombeau. (*Applaudiss.*)

Ni les épreuves, ni les défaites n'ont éclairci vos rangs ou ralenti votre courage. Quelles qu'aient été les péripéties des événements, votre armée n'a cessé de grandir et de devenir tous les jours plus nombreuse, plus disciplinée, plus unie. (*Applaudissements.*)

Aujourd'hui, comme à ses premiers jours, elle reste cantonnée fidèlement sur le terrain Constitutionnel (*Applaudissements*), demandant seulement à la République de cesser d'être un Gouvernement de secte et de parti pour devenir un Gouvernement national. (*Vifs applaudissements, orations.*)

Son programme, condensé d'abord dans quelques brèves formules, s'est précisé au cours de nos Congrès. A ceux qui affectent de l'ignorer, rappelez-en sans cesse les traits principaux : Constitution intégrale à la place de cette boiteuse organisation des pouvoirs publics que les lois de 1875 ont ébauchée (*Applaudissements*); scrutin de liste avec représentation proportionnelle (*Applaudissements*) au lieu du scrutin d'arrondissement, instrument de fraude et de mensonge (*Applaudissements*); administration décentralisée et purifiée (*Applaudissements*), à la place de la vaste agence électorale qui ruine le pays par la multiplicité de ses fonctionnaires (*Applaudissements*) et le corrompt par le cynisme de ses procédés (*Applaudissements*); statut légal pour l'Eglise, au lieu du régime précaire de tolérance qui tient sa vie en suspens et la laisse exposée à tous les coups de l'arbitraire (*Applaudissements*); lutte contre le collectivisme, ce rêve chimérique de l'avenir, et contre le socialisme d'Etat, fléau du présent (*Applaudissements*), mais avec le souci constant d'améliorer le sort de ces classes populaires sur qui pèse si lourdement et souvent si injustement le poids de la vie (*Applaudissements.*)

Enfin et par-dessus tout, résistance de tous les jours à l'invasion du matérialisme athée dans l'enseignement, dans les lois et dans les mœurs. (*Applaudissements*).

Ce que nous voulons, c'est une France libre, fraternelle, fière devant l'étranger et croyante en Dieu. (*Applaudissements.*) Ce que nous voulons, c'est la fin de la tyrannie du Bloc, ce fils incestueux du jacobinisme et de la franc-maçonnerie (*Vifs applaudissements*), qui a trouvé le secret de ressembler à la fois à ses deux parents. (*Applaudissements.*)

Qu'est-ce que le Bloc. C'est le parti de l'apostasie nationale.

Qu'a-t-il fait? Expulsé et confisqué.

Que prépare-t-il? L'anarchie morale, le trouble économique, le désordre financier. (*Applaudissements.*)

En huit années de domination absolue, il a entassé ruines sur ruines, spolié force victimes, éludé force promesses et, finalement, partagé la France en deux camps. (*Applaudissements.*) Mais tel qu'il est, il porte le Drapeau de la France devant le monde, et nul de nous ne l'oublie jamais. (*Applaudissements.*) Hier, sur une menace de l'Allemagne, un élan unanime vous a groupés autour de lui! (*Applaudissements.*) Sans oublier les iniquités subies, les blessures reçues, vous n'avez eu tous qu'un sentiment au cœur et qu'une parole sur les lèvres : France d'abord! (*Applaudissements prolongés.*) S'il eût fallu — j'en appelle à vous tous — en venir aux armes, vous eussiez montré une fois de plus que les plus fidèles à la Foi sont aussi les meilleurs serviteurs de la Patrie. (*Applaudissements.*)

Les dangers du dehors sont momentanément écartés, ceux du dedans subsistent toujours. Pour les conjurer, il faut lutter — et je répète les mots d'hier — aujourd'hui, demain, toujours; lutter bannières déployées et au grand jour, sans se décourager ni reculer jamais, mais sans jamais aussi assigner son heure à la victoire. (*Applaudissements.*)

Ni bravades, ni défaillances, respect à la loi tant que la loi respecte nos consciences (*Applaudissements*), résistance à l'oppression ; « les grands ancêtres » nous ont appris qu'elle était un droit de l'Homme et du Citoyen. (*Vifs applaudissements.*)

Indulgents pour les personnes, conciliants sur les questions secondaires, soyons intraitables, soyons inflexibles sur les principes essentiels. (*Applaudissements.*) Acheter une victoire par un silence, c'est la payer trop cher ; elle est humiliante et même stérile. (*Applaudissements.*)

Recherchez, acceptez les alliances avec tous les groupes d'opposition, qu'ils soient de gauche, qu'ils soient de droite, mais que ces alliances se fassent en pleine lumière. (*Applaudissements.*) Les alliances clandestines sont sans dignité et sans profit. (*Applaudissements.*) A ceux qui sollicitent tout bas votre concours et le renient tout haut, refusez-le nettement. (*Vifs applaudissements.*)

N'abusez pas, d'ailleurs, de la théorie du moindre mal ; nous savons par expérience qu'elle est parfois une cruelle duperie. (*Applaudissements.*)

Ouvrez vos rangs aux jeunes et aux braves, d'où qu'ils viennent ; n'oubliez jamais que le peuple renferme des trésors de dévouement et de courage, que vous pouvez tout avec lui, que vous ne pouvez rien sans lui. (*Applaudissements.*)

La force d'une opposition n'est pas seulement dans son nombre ; elle est dans la cohésion, elle est dans la combativité de ses membres. Si l'opinion vous résiste, si elle se montre indifférente, si elle paraît, par moment, se résigner à l'abaissement moral en considération de la prospérité matérielle, ne la méprisez pas, acharnez-vous à la convaincre ; elle est avec vous en secret et son indolence n'est pas l'abandon. (*Applaudissements.*)

Les sectaires ne réussiront jamais à faire de la France une nation égoïste et haineuse, matérialiste et athée ; elle a gardé à travers bien des défaillances sa grandeur et sa beauté natives. (*Applaudissements.*) Au moment où elle semble résignée et affaiblie, elle amasse en son noble cœur des trésors de colère qu'un incident imprévu, une occasion, peut-être futile, pourront faire éclater demain. (*Applaudissements.*)

Quoi qu'en pensent les délégués des Loges, on ne gouverne pas la France par ses vices. (*Applaudissements.*) On peut un instant la surprendre, mais quand elle démêle les perfidies dont elle a été victime, quand elle touche de ses mains les fruits empoisonnés, elle a des réveils soudains, qui sont aussi des réveils terribles. (*Applaudissements.*)

Tenez-vous prêts, quoiqu'il arrive, à la servir fidèlement le jour, peut-être prochain, où, lasse de la tyrannie maçonnique, elle secouera, dans un sursaut de dégoût, le joug qu'elle a subi en le détestant. (*Applaudissements.*)

Messieurs, être prêts, c'est être organisés et résolus. Être prêts, c'est être citoyens militants : de vrais Français, de vrais chrétiens. (*Applaudissements prolongés, triple ban.*)

M. Piou donne alors la parole successivement à MM. Bazelet, Leblanc, Bouvatier, Gaston Mery, Terrault, Dupont-Rougier et Dupont.

— M. Bazelet remercie en quelques mots les congressistes qui sont aujourd'hui les hôtes de son arrondissement et boit à la fécondité du Congrès.

— M. Leblanc, député de la Mayenne, porte un toast à la presse créatrice de l'opinion.

— M. Bouvatier, rédacteur en chef de la *Croix*, fait éloge de l'*A. L. P.* et de son œuvre.

— Le toast de M. Gaston Mery est particulièrement applaudi. L'orateur proclame son adhésion formelle à la politique de l'*A. L. P.* dont le nom signifie pour lui : « Agir par le peuple, pour la liberté. » L'*A. L. P.* fait moins de bruit que d'autres qui lui reprochent de ne pas être assez passionnée, mais elle fait beaucoup plus de besogne. Ceux-là prétendent que l'énergie française sommeille; c'est un peu vrai; mais ils comptent pour la réveiller, comme dans les contes bleus, sur un Prince Charmant. Respectons leurs illusions, mais croyons avec l'*A. L. P.* que, vivant dans la réalité et non dans le monde des fées, les peuples qui font leur salut sont les peuples qui le font eux-mêmes.

— M. Terrault, président du comité régional de Nancy, rappelle brièvement l'œuvre de notre président, M. Piou, qui a su mettre debout la grande famille que nous sommes, n'ayant au cœur que deux amours, celui de Dieu et celui de la Patrie.

— M. Dupont-Rougier, président de la « Jeunesse », parle au nom de son groupe. Il dit l'ardeur de ses membres à se préparer en vue des luttes futures et exprime l'espoir qu'au prochain congrès de l'*A. L. P.*, il sera permis aux délégués de la « Jeunesse Libérale » de venir s'asseoir aux côtés de nos délégués de Paris et de la Province.

— M. Dupont, mécanicien, membre de la Fédération des syndicats du Nord de la France, explique en quelques mots ce qu'est l'ouvrier indépendant et ce qu'il désire.

L'ouvrier indépendant, c'est le bon croyant, le bon père, le bon camarade, et le créateur du bien-être pour tous. Il est bien résolu à ne plus se laisser faire la loi par les meneurs des syndicats politiques, mais il faut l'aider.

Il faut l'aider par l'association qui mettra à sa portée les moyens de se prémunir contre les accidents et les misères de la vie.

Cette aide lui est d'autant plus nécessaire, que la liberté du travail est foulée aux pieds, que les grèves ont cessé d'être des conflits pacifiques pour devenir de véritables émeutes, et que l'ouvrier est à la merci de la Confédération Générale du Travail, ce gouvernement révolutionnaire qui s'est installé en face du gouvernement légal et auquel celui-ci n'ose pas toucher.

Certes, il y aura de grandes difficultés à vaincre, mais elles ne doivent pas nous faire reculer. Dans le Nord et le Pas-de-Calais, on a pu grouper en syndicats professionnels 20.000 hommes qui veulent la paix sociale; il faut fonder des groupements analogues dans la France entière et, sous l'impulsion vigoureuse de ces syndicats professionnels, notre vieille audace atavique se réveillera.

Les bons éléments sont nombreux dans notre pays, mais ils sont dispersés et étouffés. Qu'ils se rassemblent, et ils prendront conscience de leur force; leur courage multipliera leur nombre.

Nous lutterons donc toujours sous les inspirations de notre vaillant chef, ajoute l'orateur en terminant : Soldats, que nous sommes, de la vraie liberté, de l'égalité qui se dévoue, et de la fraternité, soldats sans peur et sans reproche.

Après ces discours M. Jacques Piou lève la séance et prend congé des congressistes en ces termes :

« MES CHERS AMIS,

Il faut nous séparer.

J'espère que vous emporterez dans vos Comités les émotions profondes que vous avez ressenties ces jours derniers, que vous les communiquerez autour de vous, et que vous ferez sortir de terre de nouvelles légions pour la défense de Dieu, de la Patrie, et de la Liberté.

Et en vous quittant, laissez-moi vous demander quel est le parti en France qui, en quelques jours, peut donner au pays le spectacle de cette légion de dévouements et de cette légion de talents. »

TABLE ANALYTIQUE DES MATIÈRES

SÉANCES, DISCOURS, RAPPORTS, DISCUSSIONS

Séance d'ouverture.

Jeudi 3 décembre 1908

Présidence de M. Piou.

DEUXIÈME JOURNÉE

Vendredi 4 décembre 1908.

Séance du matin.

Présidence de M. Puchos, député du Nord.

Deuxième séance (après-midi).

Présidence de M. Piou,
député de la Lozère, président de l'A. L. P.

TROISIÈME JOURNÉE

Samedi 5 décembre 1908.

Séance du matin.

Présidence de M. l'amiral de Cuverville,
sénateur du Finistère.

Deuxième séance (après-midi).

Présidence de M. Lavy, député du Morbihan.

Assemblée générale du soir.

Présidence de M. Pioc,
député de la Lozère, président de l'A. L. P.

QUATRIÈME JOURNÉE

Dimanche 6 décembre 1908.

BANQUET AU PALAIS D'ORLÉANS
198, AVENUE DU MAINE

Présidence de M. Jacques Pioc,
député de la Lozère, président de l'A. L. P.

TABLE ALPHABÉTIQUE DES MATIÈRES

LISTE DES ORATEURS

RAPPORTS PRÉSENTÉS AU CONGRÈS

VŒUX PRÉSENTÉS AU CONGRÈS

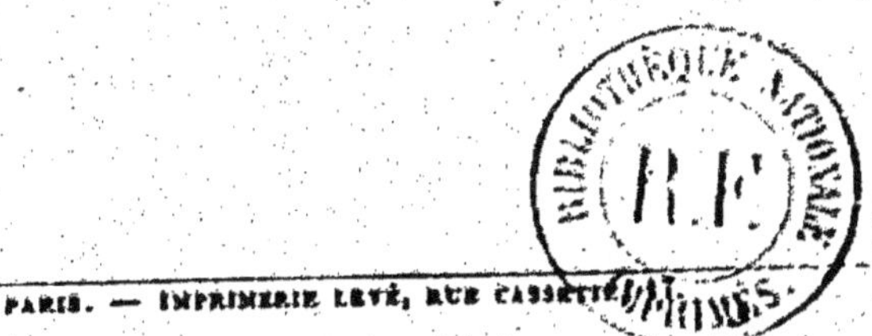

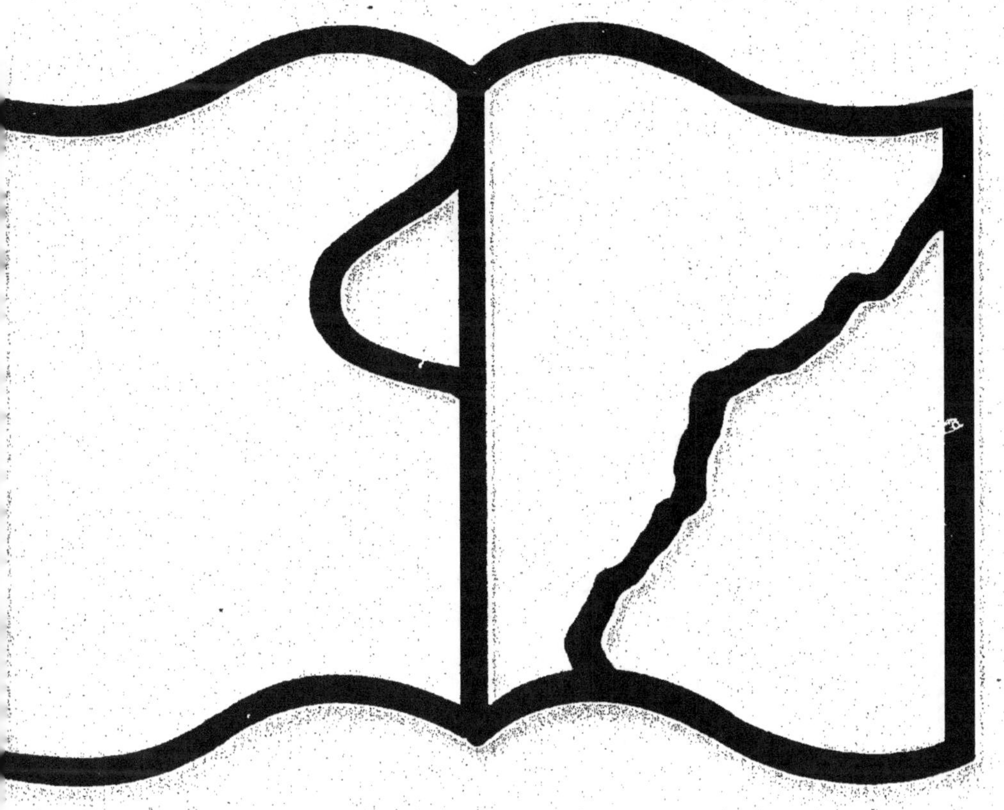

Texte détérioré — reliure défectueuse

NF Z 43-120-11

www.ingramcontent.com/pod-product-compliance
Lightning Source LLC
LaVergne TN
LVHW010406060726
842526LV00005B/1525